AF261671

LA SOCIÉTÉ

DES

AMIES DE LA CONSTITUTION

DE PAU

Par l'Abbé J.-B. LABORDE

PAU

G. LESCHER-MOUTOUÉ, IMPRIMEUR

11, RUE DE LA PRÉFECTURE

1911

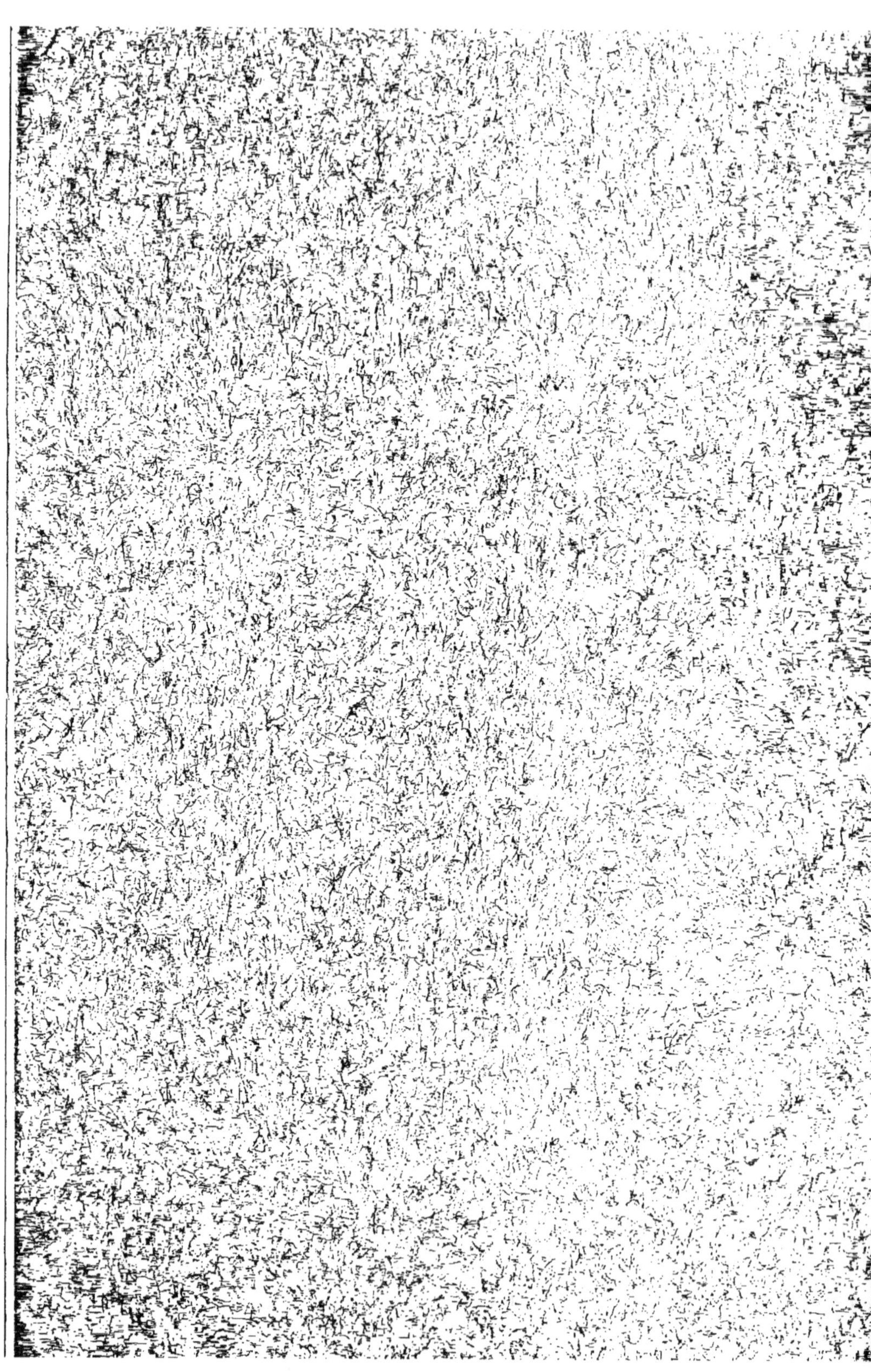

LA SOCIÉTÉ

DES

AMIES DE LA CONSTITUTION

DE PAU

Par l'Abbé J.-B. LABORDE

PAU

G. LESCHER-MOUTOUÉ, IMPRIMEUR

11, RUE DE LA PRÉFECTURE

1911

I

Les Femmes et la Révolution.

Les théories égalitaires de la Révolution française devaient nécessairement, par une conséquence bien logique, éveiller l'idée de l'émancipation des femmes. Pourquoi ne jouiraient-elles pas des mêmes droits politiques que les hommes ? Il n'y avait aucune raison de les exclure de l'égalité civique proclamée par la *Déclaration des Droits de l'homme.*

Bien que logiciens implacables, poussant un principe jusqu'à ses conséquences les plus rigoureuses, fussent-elles même inhumaines ou absurdes, les doctrinaires qui firent le mouvement révolutionnaire reculèrent cependant devant l'admission des femmes au droit de cité. Les membres de l'Assemblée Constituante n'osèrent point aller jusque là ; c'étaient des juristes formés par le vieux droit romain et par les littératures classiques et leur esprit n'allait pas jusqu'à concevoir pour les femmes un état social différent de celui qui était leur partage dans les Républiques anciennes. Le grand orateur Mirabeau résumait certainement l'opinion moyenne des Constituants quand il disait : « La constitution délicate des femmes les borne aux modestes travaux du ménage, ...aux paisibles emplois d'une vie retirée ».

Cet idéal était un peu trop pot-au-feu pour certaines « citoyennes » ; il leur fallait les luttes des assemblées politiques et les clameurs de la place publique. De divers côtés des requêtes arrivèrent à l'Assemblée : « Vous venez d'abolir tous les privilèges, disait l'une d'elles ; abolissez donc ceux du sexe masculin !... Les Français, dites-vous, sont un peuple libre, et tous les jours vous souffrez que treize millions d'esclaves portent honteusement les fers de treize millions de despotes ! » Les journaux les plus avancés poussaient d'ailleurs à ces exagérations. On pouvait lire un jour dans *Les Révolutions de Paris* ces conseils aux *bonnes patriotes* : « Marchez vers la Maison commune ; jetez les serpents du remords dans l'âme des tièdes ; portez l'ivresse à son comble dans le cœur des patriotes. Que la douceur de la colombe cède en vous la place aux rugissements de la lionne privée de sa progéniture... Contre nos ennemis mettez tout en œuvre : la bravoure et la ruse, le fer et le poison ; corrompez les fontaines, les vivres ; que l'atmosphère soit chargée de sentences de mort ».

De pareilles excitations ne pouvaient qu'exalter certaines cervelles déséquilibrées. L'histoire a gardé le nom de quelques « citoyennes » qui ont joué un rôle important dans les journées de la Révolution : Olympe de Gouges, Théroigne de Méricourt qui conduisit les femmes de Paris à Versailles, les 5 et 6 octobre, et Claire Lacombe. On les vit dans les émeutes, à la tête des femmes qui formaient comme le noyau de toutes les manifestations révolutionnaires. Dans les assemblées politiques, en particulier à la Convention, il n'y eut pas de public plus assidu que ces hordes de mégères, connues sous le nom célèbre de « tricoteuses ». H. Taine, dans un de ses vigoureux chapitres sur la Révolution, citant un article de la *Chronique de Paris* du 10 novembre 1792, s'exprime ainsi : « Les voleuses et les prostituées que les Septembriseurs, au Châtelet et à la Conciergerie, avaient élargies, puis enrôlées en septembre, faisaient le public ordinaire de la Convention ; aux grands jours, on en comptait sept ou huit cents, parfois deux mille, dès neuf heures du matin, à la porte et dans les galeries » (1). « Le jour où Robespierre présenta son apologie, les tribunes contenaient sept à huit cents femmes et deux cents hommes au plus » (2).

Les Clubs furent un autre théâtre de manifestations pour ces dames. Là elles ne se contentèrent pas d'avoir un rôle passif d'auditrices. Une sorte d'aventurière, la baronne Palm d'Aelders, ayant fondé les *Sociétés des Amies de la Vérité* et Mme Robert-Kéralio ayant donné un caractère politique aux *Sociétés fraternelles des deux sexes* qui tinrent leurs séances aux Jacobins, on vit des femmes prendre la parole et discuter avec les citoyens les grandes questions à l'ordre du jour. Mme de Genlis que la curiosité avait amenée à une séance de ces Sociétés, en parle ainsi : « C'était un spectacle également original, effrayant et ridicule. Les femmes du peuple interrompaient fréquemment les orateurs et faisaient de longues dissertations sans sortir de leurs places, pour rappeler, disaient-elles, *aux vrais principes*. Les discours étaient risibles, mais les maximes faisaient frémir ». L'exemple de Paris fut contagieux et on connaît en province au moins 150 localités ayant des Sociétés populaires qui admettaient des femmes à leurs travaux.

Mais cette collaboration politique avec les hommes n'était pas l'émancipation totale, l'autonomie absolue. Il fallait des Clubs exclusivement féminins. Paris vit surgir le *Club des femmes armées* fondé par Théroigne de Méricourt et le *Club des citoyennes révolutionnaires* créé par Claire Lacombe, où on réclamait avec rage l'exécution immédiate de tous les « conspirateurs ». En province, ce mouvement spécial ne prit pas beaucoup d'extension ; les clubs féminins furent assez rares. On cite cependant les *Dames de la Constitution* de Lille, les *Amies de l'humanité* de Bordeaux, et l'*Association des citoyennes* de Lyon. La coquetterie féminine n'abdiquait pas ses droits, même au sein de ces Sociétés où l'on clamait contre toutes les distinctions. A Lyon, les citoyennes du Club revêtaient dans leurs réunions un manteau bleu,

---

(1) H. TAINE. *Les Origines de la France contemporaine*. Paris, Hachette, 1904, 24e édition, tome VI, p. 175.
(2) *Ibid.* (note).

long et ample, rehaussé de franges et de chaînes d'or ; pour
excuser et expliquer cette magnificence, on invoquait des
raisons profondes de symbolisme : l'ampleur du manteau
était la marque distinctive de l'empire et de la souveraineté
de tous les Français ; quant aux ornements d'or, ils étaient
justifiés par cette considération de haute philosophie que
« si les peuples libres sont simples en particulier, ils sont
fastueux pour là patrie » (1).

------

(1) Toutes ces considérations générales sur le féminisme révolutionnaire ont
été puisées dans les notes d'un cours professé par M. GUSTAVE GAUTHEROT, à
l'Institut Catholique de Paris. (*16ᵉ Conférence. 18 mars 1911*).

II

Origine du Club Palois des Amies de la Constitution

Dans notre calme ville de Pau, où les passions révolutionnaires ne revêtirent jamais un caractère bien violent et bien
féroce, on trouve cependant un groupe de « citoyennes »
qui voulurent imiter la capitale. L'association qu'elles orga-
nisèrent fut éphémère et si elle n'était pas entrée un jour
en conflit avec la municipalité, il est possible que le souvenir de ce Club féminin ne fût jamais parvenu jusqu'à nous.
Ce sont quelques épisodes plus saillants de la vie de cette
Société que l'on peut raconter plutôt que l'histoire elle-même
avec tous ses détails depuis la fondation jusqu'à la complète
disparition (1).

---

(1) Les éléments de cette étude ont été puisés dans les documents suivants :
1° Trois imprimés de l'époque révolutionnaire qui se trouvent à la Bibliothè-
que de Pau : *Extrait | du | Registre | des délibérations | de la Société des
Amies de la | Constitution séante à Pau.—* | *A Pau | chez J. P. Vignancour.
1791.* | (In-8° de 16 pages). (*Bibliothèque de Pau, Ee, 7g, 156*) ; | *Rélation |
d'une | fête civique | célébrée | par les citoyennes | de la ville de Pau | le
dimanche 7 du mois d'août, la troisième année de la Liberté.* | (s. l. n. d.,
in-4° de 32 pages). (*Bibliothèque de Pau, Ee, 7g, 32*). — *Réponse | au discours
de Pauline Siro, pré | sidente de la Société des Amies de la | Constitution
séante à Pau |* . (s. l. n. d.. in-8° de 8 p.) (*Bibliothèque de Pau, Ee, 7g, 156*).
2° Une longue délibération du corps municipal de Pau du 7 août 1791. (*Arch.
com. de Pau, D. 5, f° 89 et 90.*)
3° Les registres de la Société populaire de Pau. Deux de ces registres se
trouvent aux archives communales. Le premier porte le titre de *Registre de la
Société des Amis de la Constitution*, et comprend les délibérations du
14 décembre 1790 au 15 octobre 1791. Le second renferme les *Délibérations de
la Société des Amis de la Liberté et de l'Egalité* depuis le 2 décembre 1792
jusqu'au 14 germinal an II (3 avril 1794). Il existait un troisième registre dés

Faisons d'abord connaissance avec les personnages principaux qui jouèrent un rôle dans les événements que nous allons raconter.

Le collège de Pau était tenu au moment de la Révolution par les Bénédictins de St-Maur. Ces religieux entrèrent dans le mouvement révolutionnaire ; ils prêtèrent sans restriction le serment à la Constitution civile du clergé, ils participèrent avec leurs élèves à toutes les manifestations patriotiques qui marquèrent l'aurore de la Révolution. Quelques-uns d'entre eux furent parmi les membres les plus assidus et les orateurs les plus applaudis de la Société populaire qui se fonda en décembre 1790, sous le titre d'*Amis de la Constitution*. C'est parmi ces professeurs que fut élu le premier évêque constitutionnel des Basses-Pyrénées, dom Sanadon, et celui-ci choisit pour son vicaire-général un de ses confrères, dom Augustin Sordes (1), professeur de logique. Ce Bénédictin, esprit exalté, passionné pour les idées nouvelles, membre influent du Club populaire, où il prenait souvent la parole dans les séances privées et dans les solennités officielles, faisant même partie du Bureau de la correspondance, fut un des initiateurs de la Révolution à Pau.

Ce professeur de logique savait qu'en France, c'est l'opinion qui est reine, et que l'influence des femmes est immense pour former cette opinion et pour préparer, par l'éducation au sein de la famille, l'esprit et le cœur du citoyen de demain. « L'opinion dirigée par les femmes, disait-il, va désigner le centre, où tous les rayons doivent aboutir. Elle

---

Délibérations de la Société populaire et montagnarde de Pau, commencé le 15 germinal an II et se terminant au 14 brumaire an III. Ce registre déposé aux Archives des B.-P., sous la cote L. 1408, a disparu dans l'incendie de 1908. Heureusement que M. l'abbé Annat avait minutieusement analysé ce document et il m'a très aimablement communiqué ses notes.

(1) L'abbé Simon-Joseph-Augustin Sordes était né à Toulouse le 28 août 1760. Il fit profession religieuse à N. D. de la Daurade le 31 août 1781 et était professeur de logique au collège de Pau en 1789. L'évêque Sanadon le choisit pour son vicaire général. Quoiqu'ardent révolutionnaire, il fut déclaré suspect par le Comité de surveillance d'Oloron et incarcéré dans la citadelle de Bayonne. A l'ouverture de l'Ecole Centrale de Pau, il fut professeur de belles-lettres et le resta jusqu'à 1801. Il ouvrit ensuite une école secondaire et lorsque le Lycée fut fondé, il en devint un des professeurs. En 1810 il fut nommé inspecteur de l'Académie de Caen, puis, successivement, proviseur du Lycée de Montpellier, inspecteur de l'Académie de Grenoble et recteur de cette même Académie. Il fut admis à la retraite en 1822 et mourut à Grenoble le 22 mars 1830.

flétrira les détracteurs de nos loix qui pleurent encore les ridicules hochets de leur orgueil, et préparera une nouvelle génération dont les enfans suçant avec le lait l'amour de la constitution nouvelle, ne pourront plus vivre que dans l'élément du grand intérêt public ». Aussi s'attacha-t-il à organiser à Pau un groupe de citoyennes capables de comprendre le civisme, les grandes théories de liberté et d'égalité et d'être autour d'elles les apôtres des idées nouvelles.

Il trouva dans le quartier même du collège une *virago* qui entra dans ses vues. L'ouverture de la rue Latapie, vers 1842, a fait disparaître une sorte d'impasse fangeuse composée de deux petites ruelles séparées par quelques constructions de sordide apparence. On appelait ce cul-de-sac, refuge de toute espèce de truands, le petit Versailles. Dans une de ces baraques habitait une ouvrière, lingère ou blanchisseuse, Pauline Siro (1).

Elle fut le porte-parole du « féministe » Sordes. Les prolétaires, aigris par la misère et partisans d'un bouleversement, se rencontraient facilement à cette époque, moins nombreux et moins audacieux cependant que de nos jours. Pauline Siro n'avait qu'à chercher autour d'elle au faubourg de la Porteneuve ou de la Fontaine, pour trouver, dans les maisons des tisserands faméliques et besogneux, de pauvres femmes qui devaient écouter avec bienveillance et applaudir avec vigueur les tirades contre la cherté du pain ou les exigences des collecteurs d'impôts. Il faut convenir, pour être juste, que ces théories révolutionnaires trouvaient des adeptes ailleurs que dans la populace. De petites bourgeoises, appartenant à des familles de médecins, des femmes de fonctionaires nouvellement créés, en particulier de militaires, qui avaient lu Rousseau peut-être, ou plutôt qui avaient été blessées dans leur amour-propre par la morgue des grandes dames de l'aristocratie béarnaise, sourirent à l'idée d'un groupe féminin où l'on affirmerait l'égalité de toutes les classes et où l'on lancerait quelque trait bien

---

(1) Ces détails se trouvent dans une *Note inédite de M. E. Picot*, citée par L. Soulice dans son *Essai d'une bibliographie du Département des B.-P.*, n° 122.

piquant contre les ci-devant conseillères ou présidentes (1).

En 1789, au commencement même de la Révolution, l'idée vint à ces ardentes citoyennes de se former en Club. Le projet n'eût pas de suite ou plutôt l'association n'eût pas immédiatement une forme bien précise, une existence bien indépendante. Dans la fête solennelle de la Fédération de 1790, ces femmes se mêlèrent à la foule et ne réclamèrent aucune distinction. Si donc le Club existait et tenait même des séances, c'était en petit Comité et sans être reconnu officiellement. Il formait comme une annexe de la Société masculine et portait le nom analogue d'*Amies de la Constitution* ; le lieu des réunions d'ailleurs était commun aux deux Sociétés : une salle de l'Hôtel de la ci-devant Première Présidence (Préfecture actuelle).

Calme et timide dans ses débuts, le Club féminin se manifesta tout à coup et bruyamment. Lors de la Fédération du 14 Juillet 1791, le nouvel évêque Sanadon fut invité à dire la messe sur l'autel de la Patrie que la Société populaire venait de faire reconstruire en belle pierre de taille au milieu du cours Bayard (2). Cette manifestation remplit d'enthousiasme les citoyennes *Amies de la Constitution*. Elles décidèrent d'avoir une fête de la Fédération pour elles seules et cette idée trouva écho et appui au sein de la Société des hommes. Le soir du 14 juillet en effet, Pauline Siro s'étant rendue à la séance publique de la Société populaire « y fut reçue avec tous les témoignages de la plus tendre fraternité ». On interrompit la discussion à l'ordre du jour et un membre de l'assemblée proposa une motion qui fit l'objet de l'arrêté suivant :

---

(1) C'est bien cette impression qu'on éprouve en lisant les protestations des citoyennes, — genre Pauline Siro. — « contre les sots et les malveillans qui sonnent depuis longtemps le tocsin contre *des femmes,* dont le seul crime est d'être désabusées de tous les petits hochets qui amusent encore des citoyennes, qui se disent *comme il faut,* en dépit de la vérité et de la raison, dont l'heureuse influence vouera au ridicule qu'elles méritent, lès prétentions et la méprisante hauteur ». (*Relation d une fête civique célébrée par les citoyennes de la ville de Pau,* p. 3.)

(2) L'autel de la Patrie fut élevé, à la fin de 1790, au centre du cours Bayard (Haute-Plante). Le 2 mai 1791, la Société des Amis de la Constitution ouvrit une souscription pour faire reconstruire cet autel en pierres de taille. Ce travail coûta 1737 livres et la Fédération de 1791 fut célébrée autour du nouveau monument.

« SÉANCE DU 14 JUILLET 1791

« La Société a arrêté d'inviter la présidente du Club des Amies
de la Constitution à engager par une adresse toutes les dames
de Pau à se rendre à une fête civique, pour prêter de concert
avec elles autour de l'autel de la patrie, le serment d'élever leurs
enfants avec l'amour de la Constitution ; et pour donner à cette
fête toute la solennité dont elle est susceptible, la Société enga
gera les Amies de la Constitution à inviter à cette fête les corps
administratifs, judiciaire et la municipalité. [Signé :] Lerem
boure, président ; Damborgez, Perès, Lapeyre, secrétaires » (1).

Pauline Siro accueillit cette invitation « avec transport »...
« Elle répondit avec beaucoup de dignité que tout ce qui
pouvoit servir la cause de la Constitution et exciter le pa
triotisme dans le cœur des personnes de son sexe encor
aveuglées par de malheureux préjugés, ne sauroit lui être
indifférent. Elle ajouta qu'elle convoqueroit une assemblée
extraordinaire dans son Club pour délibérer sur cette solen
nité civique » (2).

---

(1) Registre de la *Société des Amis de la Constitution*, fᵒ 82.
(2) *Relation d'une fête civique célébrée par les citoyennes de la ville de
Pau*, p. 1.

III

Une Séance du Club Féminin.

Les *Amies de la Constitution* se réunirent en effet le lendemain et voici comment cette curieuse séance est racontée
tout au long dans une délibération imprimée :

« EXTRAIT DU REGISTRE DES DÉLIBÉRATIONS
DE LA SOCIÉTÉ DES AMIES DE LA CONSTITUTION, SÉANTE A PAU.

« PRÉSIDENCE DE PAULINE SIRO

Séance du 15 Juillet, troisième année de la Liberté.

*Ce jour l'Assemblée ayant été constituée, la Présidente a de.
mandé d'être entendue, avant qu'on passât à l'ordre du jour. On
a consenti à l'entendre, et aussitôt elle a prononcé le discours
suivant :*

« Sœurs et Amies,

« Mon âme remplie de tendres émotions a besoin de s'épancher
dans votre sein, et de vous entretenir pendant quelques instants
de l'auguste cérémonie du 14 Juillet, à laquelle vous avez toutes
assisté.

« Nous avons vu célébrer sur la Colonne sainte le sacrifice de
notre Religion, par un Pontife appellé par les suffrages du Peuple. L'Autel sacré étoit environné d'une foule innombrable de
Citoyens, qui, tous armés pour la cause de la Nation, ont juré
de vivre libres ou de mourir.

« Sans doute ce noble feu qui animoit les braves défenseurs de
notre Constitution, embrasoit nos âmes, et dans nos sublimes
transports nous aurions oublié la faiblesse de notre Sexe, pour

jurer aussi de défendre notre Patrie, et de porter même les premiers coups, contre les ennemis du dehors et du dedans. Notre serment n'eût pas été vain. L'on compteroit en France autant d'héroïnes que de héros, si nos institutions ne nous condamnoient à nous renfermer dans notre domestique, tandis que les essaims de soldats couvrent la surface de l'Empire, pour former sur ce sol de la Liberté un bouclier impénétrable à tous les traits du despotisme.

« Oui, sans doute, nous pouvons jurer, que cette terre privilégiée ne sera plus foulée par des tyrans ; et qu'après avoir prodigué le sang de nos époux et de nos enfans, nous formerons encore un dernier rempart, pour nous ensevelir ensuite, si nos efforts sont inutiles, sous les cadavres de ceux qui auroient voulu nous disputer l'honneur d'être les premières victimes.

« Ce spectacle d'horreur, présent à mon esprit, n'a rien qui m'épouvante. Je me trouve élevée à la hauteur de la révolution, et toute éprise de ma nouvelle existence, je sens qu'il faut se perdre plutôt que de retomber dans l'esclavage.

« Ces sentimens sont sans doute dans le cœur de toutes celles qui m'entendent ; que ne puis-je me prêter à une douce illusion, pour me persuader pendant quelques instans, qu'ils sont aussi communs à toutes les citoyennes de cette Ville, et que le très grand nombre est composé d'Amies de la Constitution ? Mais il ne faut pas nous le dissimuler, il en est plusieurs qui nous donnent de justes sujets de douter de leur Patriotisme. Il est tems de mettre dans un creuset toutes les opinions, afin de vouer à l'infamie, et peut-être à d'autres peines, celles qui ne voudront pas entrer dans cette chaîne de cœurs, qui doit réunir tous les états et tous les sexes. Ma tolérance m'a portée jusqu'à présent à modérer votre courroux, et à vous engager à attendre du temps et des progrès de la raison des conversions qui me paroissent bien tardives.

« Eh quoi ! tandis que dans toutes les Villes de notre empire, les femmes en se ralliant autour de l'Autel de la Patrie, semblent mettre le sceau au grand œuvre qui appelle toutes les Nations à consacrer leur souveraineté, les femmes de notre Cité voudroient dans leurs étroites passions, arrêter la marche des événemens et circonscrire dans leur petit génie les étonnantes conceptions des Artisans du bonheur universel. L'amour du bien public n'est pas une passion étrangère à nos cœurs, et sans verser des larmes sur la perte de quelques plaisirs, que le nouvel ordre des choses a proscrits, il ne nous est plus permis de chercher notre bonheur que dans la prospérité générale.

« Allez, braves Gardes Nationaux, puisque vous nous disputés l'honneur de partager vos périls, montrez-vous les premiers sur nos frontières, pour opposer une puissante digue au torrent qui semble devoir se déborder sur la France de toutes les parties de l'Europe. Allez vaincre ou mourir, mais avant d'exposer des têtes si chères ,recevez de nos mains le panache de l'honneur, l'armure et le bouclier. Quand vous reviendrez couverts de sang, sachez que le prix le plus cher de votre victoire, vous le recevrez dans nos bras, et que vos blessures glorieuses seront le gage de votre bonheur.

« Ah ! mes chères Sœurs, aux vertus de la chevalerie, nos soldats françois joignent la grande passion de l'humanité. C'est pour la cause de l'Univers qu'ils vont combattre, et il en coûte bien peu à l'homme libre d'être un héros, lorsqu'il n'a que des tyrans à vaincre.

« Nos ennemis les plus dangéreux sont de sots préjugés qui enchaînent les esprits faibles ; mais dans ce siècle de lumière, le flambeau de la raison répand une clarté si vive que nous ne devons pas désespérer, que notre sexe ne se régénère. Ne nous décourageons donc pas. L'esprit de parti, de petits intérêts, un reste de ce premier orgueil, qui avilissoit les Citoyens en séparant la grande famille en plusieurs classes dont les dénomina-tions même sont odieuses, conspirent avec la superstition pour retarder la réunion générale ; mais un grand élan est pris. Le mouvement des âmes patriotes doit répandre successivement l'étincelle électrique, et l'Eternel sourira bientôt au ravissant spectacle de tous les François, et de toutes les Françoises réunies dans le Temple de la Liberté et de la Religion.

« O Religion sainte ! des Fanatiques, des ignorans, et des scélérats abusent de votre nom pour jetter le trouble et répandre la consternation dans les âmes timorées qui ne peuvent s'élever aussi haut que nous pour contempler l'accord merveilleux de nos Loix politiques et de nos Loix religieuses. Quoi ! C'est au nom du Dieu de charité que l'on veut séparer le frère de son frère, la sœur de sa sœur, la mère tendre de son fils, l'époux chéri de son épouse chérie ; reconnoissez à leur langage les faux Apôtres. L'intolérance et la proscription ne furent jamais les caractères du Christianisme.

« Je n'ai pas besoin d'être bien savante pour juger la grande querelle de nos Prêtres. Je sais que de tous les temps les Théologiens ont déchiré le sein de l'Eglise par des discussions dont l'importance ne gissoit que dans les intérêts particuliers de ceux qui épousoient les différens partis. J'ay assés lû l'histoire ecclé-siastique pour savoir que je puis mettre au défi ceux qui sont le plus versés dans ces matières de me citer une seule année, où des sectes ne se soient proscrites réciproquement dans le sein même du Catholicisme, tandis que le simple Charbonnier avec sa foi trouvoit dans l'Eglise les mêmes canaux de grâces qui nous sont toujours ouverts malgré des excommunications injustes.

« On fait parler le Pape, et où sont les Brefs revêtus des caractères qui en font l'authenticité ? Ces foudres illusoires sont encore une invention de nos ennemis qui marchandant des choses sacrées et des choses prophanes, se jouent de la crédulité des simples pour attirer sur nous les horreurs d'une guerre civile. Vous avez vu les preuves de cette coalition dans cet evènement funeste qui devoit être l'époque du carnage. Tandis qu'un roi parjure alloit invoquer les foudres de l'Empire, des Evêques sacrilèges prostituoient la Cause du Ciel à leur ambition ; et répandoient des Mandemens dans lesquels l'imprudence et l'hypochrisie semblent rivaliser pour assurer l'exécution d'un projet que l'Enfer seul pouvoit vomir. Ainsi, pour nous conduire dans les voies du salut, ces Pasteurs désinteressés, qui regardent comme vil (1), un salaire de trente mille livres, se retiroient dans les antres et les cavernes de l'Espagne, non pour y prêcher au désert, comme ils nous l'avoient promis, mais pour nous envoyer des Armées Apostoliques, qui, à la voix persuasive des Bayonnéttes auroient fait de nos cadavres de nouvelles marches, sur lesquelles nos religieux prélats se seroient fait un chemin pour remonter sur leurs sièges et rentrer en possession d'un salaire moins vil de quelques cents-mile livres. C'était ainsi que la Nation alloit prospérer et que la Religion étoit sauvée !

« De quelle indignation mon âme se sent pénétrée ! J'entendrai crier encore : la Religion est perdue, parce qu'on ne revéréra plus comme des oracles infaillibles des monstres revêtus d'un caractère sacré ! Si le voile n'est pas déchiré, il faut que le délire soit à son comble. En un mot, l'Eglise n'a pas encore prononcé, et nous femmelettes ! nous voudrions arracher à l'Eternel la balance des consciences dans laquelle il nous pesera toutes au poids de sa justice et de sa miséricorde.

« En attendant ce grand jour, faisons tous nos efforts pour étendre les bienfaits de la Révolution et ramener les esprits égarés. Le mien, fatigué dans ce moment, de toutes les idées qui le remplissent me demande du repos ; malgré l'abondance du sujet, je finis en proposant à votre discussion, de trouver les moyens les plus efficaces de propager dans notre sexe les sentimens patriotiques.

« Cette matière sera, si vous le voulez, à l'ordre du jour ».

Tous les membres de l'Assemblée ont applaudi à ce discours et l'un d'entre-eux a fait la motion de le faire imprimer et de l'in-

---

(1) J'emprunte cette expression de Marc-Antoine de Noé, qui malgré son généreux dévouement, n'a dédaigné un vil salaire, que pour surprendre à la Nation quelques mille livres de plus. qui lui ont été comptées, dit-on. en espèces sonantes. Avec ce patriotique larcin, ce courageux confesseur de la foi pourra pendant longtemps se procurer des racines, dans sa nouvelle Vie Apostoli-Hœremitique, en Espagne.

(Cette note est dans l'original de la délibération imprimée).

sérer dans le Procès-verbal ; ce qui a été arrêté par acclamation.

La Présidente dont la modestie sembloit blessée par ces témoignages d'approbation, a interrompu plusieurs opinantes qui faisoient des motions rélatives à son discours. Elle a demandé instamment que l'on entamât la discussion sur l'importante matière qu'elle venoit de mettre à l'ordre du jour, et de suite un membre de la Sociéé ayant obtenu la parole a dit :

« Je crois que les sentimens que notre Présidente vient de nous exprimer sont dans tous les cœurs, et que nous désirons unanimément qu'ils se propagent chez les citoyennes de cette Ville. L'objet de notre délibération est d'une telle importance, que j'en demande l'ajournement... Puisque ma motion n'est pas appuyée, je vais m'abandonner à mon sujet en impromptu. Je réclame votre indulgence.

« Notre Sexe ne sçauroit être étranger à la Constitution ; je pense au contraire que les fondemens en reposent sur nous, et que comme l'amour de nos nouvelles Loix doit faire désormais l'essence des François ,c'est à nous à inspirer dès l'âge le plus tendre aux enfans que nous donnons à la Patrie les vertus civiques qui assureront le bonheur et la prospérité de la nouvelle génération. Que nos enfans sucent avec le lait ce principe éternel que l'homme est né libre, qu'il est dégradé par l'autorité arbitraire, et que l'héritage le plus précieux que leurs Pères et Mères leur aient laissé, ils le doivent à ce serment énergique, qu'ils ne proféreront pas en vain à la face du Ciel et de la Terre, de vivre libres ou de mourir.

« A ces mots je me sens un courage au dessus de mon sexe. Je rougis que nous ayons déjà vu se renouveller la troisième année de l'ère Françoise, sans qu'aucune femme soit allée se placer encore par quelque action extraordinaire, à côté des Héros de la Bastille.

« Fières Amazones, pour vous agguerir contre des ennemis plus redoutables, après avoir arraché leurs armes à nos époux, allons les plonger dans le sein de ces femmes anti-patriotes, qui, à travers les murmures qu'elles font éclater, ne donnent peut-être des regrets qu'à leur faste ou à leur.... ».

Ici l'on fait beaucoup de bruit dans plusieurs parties de la salle..... La Préopinante est rappelée à l'ordre par la Présidente ; et l'on délibère par assis et levé qu'il sera fait mention de cette censure dans le Procès-Verbal.

Le même membre reprend la parole :

« Malgré les défaveurs et les marques d'improbation que je parois m'être attirées de la part de l'Assemblée, je ne craindrai pas de donner mon avis, qui est de mettre en usage les moyens les plus violens déjà employés avec succès dans plusieurs Villes, pour contraindre au moins au silence les échos fœminins de quelques Prêtres imbécilles (1), qui, pour acquérir de l'importance cherchent avec trop de succès à subjuguer des âmes foibles. Sans doute ils seroient incapables de soutenir la plus légère discussion avec ceux dont ils redoutent les lumières et à qui ils n'opposent que les cris de rage et les menées sourdes d'une basse intrigue. Armons-nous de verges, et comme autrefois J.-C. nous en donna l'exemple, faisons une sévère police dans les Lieux Saints ».

On interrompt l'opinante, pour lui dire que, si par cette dernière expression elle entend désigner les Couvents, les mots qu'elle a employés ne sont pas les mots propres. On remarque beaucoup d'agitation dans une partie de la salle ; et bientôt les applaudissemens, se mêlant aux cris d'improbation, l'on finissoit par ne plus s'entendre, lorsque l'orateur ayant conquis la parole, reprend ainsi :

« Les murmures et les huées ne sauroient m'empêcher de donner un avis que j'aurois voulu faire précéder encore de quelques réflexions. Mais pour satisfaire l'impatience de l'assemblée qui paroît m'écouter avec peine, voici ma motion en deux mots : je propose à la Société de nommer un Comité de recherches et un Comité exécutif. Les noms de ces Comités expriment assés la nature de leurs fonctions. Je demande que l'organisation en soit ajournée à l'une de nos plus prochaines séances, et que vos Comités de rapports et de Constitution réunis soient chargés de vous présenter un travail sur cet objet ».

On a demandé la question préalable sur cette motion et après de vifs débats elle a été adoptée.
Un autre membre a pris la parole et a dit :

« Je vois avec plaisir que l'assemblée manifeste sa sagessé et l'esprit de modération qui la gouverne en rejettant des partis violens qui nuiroient à la bonne cause plutôt que de la servir. Si la tolérance est la première vertu constitutionnelle, combien doit-elle être chère à un Sexe, qui ne connut jamais d'autres armes, que celles de la douceur ; des armes qui en subjuguant les cœurs entraînent bientôt les volontés. Voilà les triomphes dont nous sommes dignes. Accoutumés à remporter des victoires flatteuses, rejettons loin de nous les moyens violens et les voies de fait qui livreroient notre Sexe au ridicule et détruiroient dans les hommes les sentimens de respect et de délicatesse, qui sont les sauvegardes de notre honneur.

---

(1) Il est permis à une dame de dire des vérités dures. Cela fut de tous les temps dans le Code de la galanterie françoise. La franchise doit bien plus leur être pardonnée en temps de liberté. (*Note de l'original*).

« Pour moi qui pense que le civisme est la plus sublime des vertus, je ne m'étonne pas qu'il soit si rare parmi nous. Il ne faut pas se dissimuler qu'à moins d'avoir reçu de la nature ces dons précieux qui caractérisent les âmes privilégiées, on ne sauroit trouver en soi cette héroïque disposition, qui prépare à faire tous les sacrifices de l'intérêt particulier à l'intérêt général. Il faut se passionner pour les Loix. Ainsi les voies de rigueur que la Préopinante nous a proposées pourroient tout au plus arrêter les effets de l'incivisme, mais ne sauroient changer les cœurs ; employons pour cela les moyens de la persuasion.

« La voix la plus puissante est celle de l'exemple ; mais comme nous ne pouvons pratiquer que des vertus obscures dans l'inté·rieur de notre ménage, cette manière de propager le vrai patriotisme, quoique la meilleure, est cependant un peu lente ; et je voudrois en relever la monotonie par une solennité civique. Les hommes afin d'enflammer leur civisme se réunissent périodiquement pour célébrer l'anniversaire de la Liberté Françoise, et exalter ainsi par un majestueux spectacle les âmes des citoyens. Quoique cette fête ne nous soit pas étrangère, je voudrois que nous en célébrassions une qui nous fût particulière, et consacrée à rappeller la séance tenue par l'Assemblée nationale le 4 du mois d'Août de la première année de la Liberté.

« Ce fût par de généreux sacrifices, que nos immortels Représentans rompirent ce jour là les barrières que l'orgueil avoit placées entre les Citoyens, et qu'ils ne firent de tous qu'une seule famille, en détruisant toutes les distinctions et tous les titres injurieux à l'humanité. Ne seroit-il pas bien touchant de voir ce jour là toutes les citoyennes se confondre, venir embrasser l'autel de la Patrie, et promettre au Dieu des armées de nourrir leurs enfans de leur sang le plus pur, afin qu'ils le répandent s'il le faut, pour cimenter sur la base éternelle des droits de l'homme, la Colonne de notre Constitution.

« Quelle femme seroit assez insensible pour se refuser à une si touchante Fédération ! que l'on calomnie, tant qu'on voudra, des Loix qu'on ne veut pas aimer ; que malgré l'étonnement de l'Univers dont la régénération se prépare par l'influence de l'esprit François, des femmes ayent encore l'entêtement de maudire une Révolution qui fournira les plus belles pages à l'histoire, je leur pardonne ce travers qui ne fait du tort qu'à leur esprit. Mais lorsque je veux intéresser leur sensibilité par le tableau d'une nombreuse famille réunie dans le champ de Mars, si quelqu'une d'entre-elles vouloit se refuser à ce rapprochement si désiré, je ne sais quelle expression pourroit caractériser une désertion qui déchireroit le sein de la mère commune, et qui marqueroit du sceau de l'apostasie civique, celles qui ne voudroient point se faire reconnoître pour françoises ».

Cette motion a été vivement applaudie ; et on a arrêté les articles suivants :

1° Il y aura tous les ans une Fédération qui sera célébrée le Dimancho le plus près du 4 d'Août.

2°. Tous les Corps administratifs, la Municipalité, la Garde Nationale, la Société des Amis de la Constitution seront invités à y assister.

3° Toutes les citoyennes seront priées de s'habiller de blanc et de porter une ceinture aux trois couleurs Nationales.

4° On nommera des Commissaires qui s'occuperont de tous les détails de la Fête et qui inscriront sur les Registres destinés à cet objet celles qui voudront se mêler avec les bonnes Citoyennes et faire une profession publique de leurs sntimens en prêtant devant l'Autel de la Patrie le serment dont voici la formule :

« Nous jurons d'être fidèles à la Nation, et de répandre autant qu'il dépendra de nous les sentimens civiques et l'amour de la Constitution Françoise ».

5° La Société des Amies de la Constitution fera chaque année une adresse pour avertir les Citoyennes de l'époque prochaine de la Fédération.

6° Cette fête sera célébrée, cette année troisième de la Liberté, le Dimanche 31 du mois de Juillet.

Sur la proposition que fit un membre, de procéder à la nomination d'un Comité pour la rédaction de l'Adresse dont il est fait mention dans l'article 5, l'on arrêta que l'on feroit imprimer le Procès-verbal de la séance de ce jour et que des exemplaires distribués à toutes les citoyennes tiendroient lieu de l'Adresse.

La Présidente lève la séance.

IV

Difficultés avec le Corps municipal.

—————

Pour célébrer cette fête, il fallait l'autorisation du Corps municipal (1). Aussi Pauline Siro, à la tête d'une députation de quatre membres, se rendit à l'ancien couvent des Cordeliers où siégeait la municipalité et présenta le compte-rendu imprimé de la séance du 15 juillet, accompagné d'une demande d'autorisation. Les officiers municipaux prirent connaissance du message et demandèrent à réfléchir. Ils promirent de donner une réponse le lendemain.

Dès que les citoyennes furent sorties, les membres du Corps municipal examinèrent la question. L'adresse par laquelle on sollicitait une autorisation fut trouvée trop peu respectueuse. Dans leur *Relation* de tous ces événements, les

———

(1) Le Corps municipal de Pau se composait en ce moment de neuf membres. Voici les noms de ceux qui furent présents aux séances, lors des évènements que nous racontons : de Navailles, maire, Lassus, Pène-Gaureret, Couat, Broucaret, Lassalette, Laterrade, officiers municipaux, Labat, procureur-syndic.

Amies de la Constitution prétendaient au contraire que cette demande était conçue dans les termes les plus convenables.

« Nous allons la transcrire en partie, disaient-elles, pour mettre le lecteur à portée de juger toutes les démarches d'une Société, sur l'honneur de qui nous avons une extrême délicatesse.

« *A Messieurs les Maire et Officiers municipaux,*

« Les Citoyennes Amies de la Constitution désirant de propager, autant qu'il est en leur pouvoir, les sentiments patriotiques dont elles sont animées, ont pris une délibération, qu'il est de leur *Devoir* de vous communiquer. Elle tend, comme vous le verrez par l'extrait qui est ci-joint, à rassembler toutes les citoyennes dans le champ de la fédération, pour y faire une profession publique de leur dévouement à nos nouvelles loix... Nous ne doutons pas que vous ne nous accordiez la *permission* de célébrer cette fête, etc... »

Quant à l'extrait imprimé de la séance du 15 juillet où se trouvaient les fameux discours de Pauline Siro et de deux autres citoyennes, les officiers municipaux trouvèrent que c'était un écrit dangereux, propre à soulever les passions populaires, à ameuter les classes les unes contre les autres et ils prirent de sévères mesures de police. Ils firent saisir chez l'imprimeur Vignancour les exemplaires de ce compte-rendu qui n'avaient pas encore été livrés, ils s'emparèrent même du manuscrit et le déférèrent aux juges du tribunal du District. Comme le citoyen Sordes était fortement soupçonné d'être l'auteur du discours de Pauline Siro et le rédacteur de ce fameux compte-rendu, on le dénonça à son supérieur, l'évêque Sanadon. Deux voix cependant s'élevèrent au sein de la municipalité pour soutenir Sordes et les Amies de la Constitution : ce furent Lassus (1) et le procureur-syndic, Labat (2). Ces détails nous sont connus par la *Relation* que publia le Club féminin :

---

(1) Lassus était un marchand drapier. Il avait fait partie des assemblées qui avaient été tenues en 1789, comme député des marchands de première classe.

(2) Raymond Labat, fils, avocat, avait été élu procureur-syndic de la commune de Pau, le 20 novembre 1790, en remplacement de Lombart qui était passé au Directoire du District. Labat fut souvent en désaccord avec les autres membres du Corps municipal et donna sa démission de procureur-syndic le 25 janv. 1792.

« Le sieur Sordes que l'on accuse d'être le rédacteur des bouillons patriotiques de la dame aux verges et aux poignards ne souffrira pas de cette procédure criminelle. Rire, est la seule vengeance qu'il doit se permettre, quoiqu'il ait été dénoncé à toutes les puissances de la terre et même du ciel... Les officiers municipaux, pour satisfaire une rage aussi ridicule qu'impuissante, ne se contentèrent pas de méconnoître les lois sacrées de la liberté de la presse, en prenant tous les moyens possibles, pour empêcher la distribution d'un ouvrage, qui bien loin de prêcher la désobéissance aux lois, ne respire que l'amour de la Constitution ; ils se permirent encore les imputations les plus calomnieuses contre celui qui étoit soupçonné d'en être l'auteur. Après avoir livré le manuscrit à l'accusateur public, ils ont dénoncé le sieur Sordes à l'évêque du Département, sans attendre qu'il fut constaté que l'écrit prétendu incendiaire étoit de lui. Cette conduite est aussi basse que peu légale. M. Lassus fut le seul qui voulut ramener ses collègues à la justice et au sens commun en donnant un avis raisonnable qui honore sa modération et sa probité. Mais je dois surtout célébrer la conduite toujours soutenue de M. Labat, qui n'assista point à ces délibérations. Cet officier municipal réunit à toutes les qualités civiques les vertus d'un magistrat qui ne respire que pour le bien public. Il a hautement improuvé dans cette circonstance et dans beaucoup d'autres la conduite de la municipalité. Aussi le peuple lui rend-il la justice qu'il mérite, en le comblant de bénédictions ; et une telle récompense est faite pour être appréciée par le cœur de M. Labat ».

Le soir même du jour où la municipalité avait pris ces déterminations et ces mesures, on appela Pauline Siro. Le maire (1) lui fit de paternelles observations et lui promit l'autorisation qu'elle désirait, si elle présentait une pétition dans les formes légales. Il faut croire que la longanimité du Corps municipal rendit les citoyennes plus exigeantes et plus inso-

---

(1) J. L. de Navailles, baron d'Angaïs, ancien syndic des Etats de Béarn, fut élu maire de Pau en février 1790, en vertu des décrets de l'Assemblée nationale, établissant les nouvelles municipalités. Il fut encore réélu en décembre 1792 et remplacé le 27 septembre 1793 par Séguinotte. Arrêté comme suspect et incarcéré à Bayonne, il subit une détention de seize mois. Après la Terreur, de Navailles fut appelé de nouveau à la tête du Corps municipal et remplacé après quelques mois, à la suite de certains troubles où il prit des mesures sévères contre des Terroristes, mais qui ne furent pas approuvées par la Convention. L'administration du baron de Navailles fut excellente et la municipalité de Pau fut, en ces temps troublés, prudente, modérée, ennemie des exagérations et des violences.

lentes. Elles présentèrent en effet une demande qui se ter-
minait sur ce ton persifleur :

« La fête que nous voulons célébrer ne présentant rien en elle-
même qui ne soit conforme à l'esprit qui vous dirige, et nos vues
n'ayant rien que de louable, nous ne doutons point que vous
n'applaudissiez à notre civisme, et que vous n'environniez de la
majesté de vos écharpes, dans ce grand jour de fête pour la
patrie, des citoyennes qui lèveront leurs mains au ciel, afin d'ob-
tenir par les vœux les plus ardens, que vos travaux et votre
infatigable vigilance affermissent dans cette ville l'empire des
loix, dont l'exécution vous a été, *par un si heureux choix*, con-
fiée par le peuple » (1).

La municipalité n'accepta pas une demande conçue en ces
termes. Mais comme les citoyennes voulaient avoir le dernier mot, elles demandèrent aide et appui auprès de leurs
confrères, les Amis de la Constitution, qui choisirent des
commissaires, chargés d'appuyer auprès des officiers municipaux les démarches du Club féminin.

« SÉANCE DU 27 JUILLET 1791

« Sur la demande des Commissaires des Amies de la Constitution, il a été nommé quatre commissaires pour appuyer auprès
de la municipalité les démarches du Club féminin qui désire
célébrer une fédération civique entre les personnes de son sexe.
MM. Damborgez, Bonnefoy, Ferrier aîné, Labat, com^res nous ont
annoncé que MM. les officiers municipaux s'occuperaient demain
de l'objet de nos démarches » (2).

Très galants, les membres de la Société populaire arrêtè-
rent en même temps que la salle de leurs réunions « serait
destinée à la Société des Amies de la Constitution pour toutes les assemblées auxquelles la Fédération civique qu'elles
préparent pourrait donner lieu » (3).

L'intervention du puissant et remuant Club des citoyens
ressemblait à une sorte d'intimidation. Elle produisit un eff...

---

(1) *Relation d'une fête civique célébrée par les citoyennes de la ville de
Pau*, p. 8.
(2) Registre de la *Société des Amis de la Constitution*, f° 83 v°.
(3) *Ibid*,

immédiat. On parlementa et il fut arrêté que ces dames demanderaient l'autorisation légale pour prendre le titre d'Amies de la Constitution ; cette faveur leur serait bien volontiers accordée, pourvu que la pétition fut rédigée en termes convenables. Pauline Siro présenta, en effet, le 31 juillet, une adresse signée de onze membres et une ordonnance autorisa sur le champ cette association.

La concession que venait de faire la municipalité exerça davantage la verve moqueuse des citoyennes et de leurs conseillers. Voici dans quels termes elles racontèrent comment 'l'autorisation leur avait été enfin accordée :

« On doit cependant quelque chose à la colère des femmes, aux yeux de qui il est parfois des excuses qui n'excusent pas. Patience ! Il y a du remède à tout. Voici le dernier article de la capitulation.

« La municipalité ne voulant point déroger à la loyauté fran-
« çoise, promet aux dames irritées une autorisation qui sera mise
« au bas de leur prochaine adresse ; et afin qu'en indemnité des
« démarches, les dames reçoivent la satisfaction qu'elles récla-
« ment, la susdite autorisation sera en stile le plus galant et le
« plus léger possible ; et pour cela elle nomme le sieur L.....te
« [Lassalette] l'un de ses membres pour rédacteur ».

« Cet article ne fut pas écrit sur le registre des délibérations de la Commune ; les parties agirent de bonne foi et Monsieur le Maire, en signe de réconciliation se contenta de prendre la main de Madame Pauline, qui voulut bien ne pas la retirer. Elle se souviendra long-tems d'avoir accordé une pareille faveur. Du reste, l'on va voir que MM. les municipaux ont bien tenu parole. Voici la dernière pétition des citoyennes, sur le vu de laquelle le Céladon écharpé fit l'ordonnance qui devoit servir de topique aux plaies des Dames, et étouffer tous les ressentimens. Si, comme on va le voir, l'adresse de la Société patriotique est un chef-d'œuvre de laconisme, la réponse de la municipalité est un modèle de courtoisie, et de cette politesse rafinée qui caractérise les heureux tems de la chevalerie françoise.

« *A MM. les Maire et Officiers municipaux.*

« Les citoyennes soussignées vous prient de les autoriser à se
« former en Société d'Amies de la Constitution ». Suivent les signatures.

« Nous voici à la charte que je regarde comme la ceinture d'iris, signe de réconciliation des dieux avec les mortels, et avec les mortelles.

« Messieurs les maire et officiers municipaux approuvent le
« témoignage de patriotisme que leur offrent aujourd'hui les
« dénommées ; ils autorisent avec plaisir l'association qu'elles
« désirent de former, sous la dénomination les Amies de la Cons-
« titution ; et leur permettent de s'assembler en conséquence,
« convaincus qu'il ne se passera jamais dans leurs assemblées
« rien qui ne soit conforme à cette même constitution, et à
« l'amour qu'elles veulent professer pour elle. Au surplus, ladite
« Société fera le projet des règlemens qu'elle voudra s'imposer,
« le rapportera à la municipalité s'il y échoit. — Pau, en la salle
« du Conseil, le 31 juillet 1791. — Signés à l'original : Navailles
« maire, Pene-Gaureret, Broucaret, Couat, Damborgès, Lassa-
« lette, Laterrade, officiers municipaux, et Labat, procureur de
« la Commune. — Pour copie conforme : Pommiès secrétaire-
« greffier » (1).

Cette autorisation donnait une existence légale à la Société
des Amies de la Constitution et lui accordait le droit de tenir
des séances (2). Il n'était pas question de la fameuse fête civique projetée pour le 31 juillet. D'ailleurs cette date était pas-
sée. Il fallait fixer un autre jour et recommencer des démarches laborieuses auprès du Corps municipal. Le jeudi,
4 août, les Amies de la Constitution tinrent une réunion et
décidèrent de célébrer leur Fédération le dimanche suivant,
d'en prévenir la municipalité, de l'inviter même à y assister
« avec les corps administratif et judiciaire, la Garde nationale, les Amis de la Constitution et les jeunes élèves pension-
naires du collège » (3).

Sachant de quel poids avait été l'appui de la Société populaire dans les résultats obtenus précédemment, les citoyennes se rendirent le même jour, 4 août, à la séance publique

---

(1) *Relation d'une fête civique célébrée par les citoyennes de la ville de
Pau*, p. 10 et 11.

(2) Ce document officiel nous prouve que jusqu'à ce moment le club féminin
n'avait guère donné signe de vie et qu'il manquait d'une organisation bien éta-
blie, puisqu'il n'avait pas de *règlements*. Ces règlements d'ailleurs n'existèrent
jamais, car les registres de la municipalité ne mentionnent nulle part une
approbation quelconque à ce sujet. Cette estampille officielle était cependant
nécessaire et nous voyons le Club des Amis de la Constitution, lorsqu'il s'orga-
nisait, le 14 décembre 1790, envoyer une députation auprès du Corps municipal
pour le prévenir et présenter les Statuts et Règlements ; la réception faite par
le maire à ces commissaires avait été cordiale et encourageante.

(3) *Relation d'une fête civique célébrée par les citoyennes de la ville de
Pau*, p. 12.

·du Club masculin et cette démarche fut relatée au procès-verbal dans les termes suivants :

« SÉANCE DU 4 AOUT 1791.

« Les citoyennes de la Société des Amies de la Constitution se sont présentées à notre séance. Elles nous ont fait part des démarches qu'elles avaient faites auprès des officiers municipaux pour la célébration de la fédération civique qu'elles ont projetté. Elles nous ont demandé notre avis sur la conduite qu'elles devaient tenir dans les circonstances où elles se trouvaient. Après une longue discussion, la question a été ajournée au moment où les officiers municipaux auront donné aux dames la réponse qu'ils leur ont promis » (1).

Une députation de citoyennes s'était en effet rendue au ·couvent des Cordeliers pour prévenir « la municipalité d'une fête civique qu'elles se proposaient de faire le 7 du même mois, à onze heures du matin et qui devait commencer par ·une messe sur l'autel de la Patrie » (2). Les officiers municipaux avaient hésité, avaient voulu faire comprendre l'anomalie d'une pareille solennité, le danger que présentait ce genre de cérémonie, comme cause et occasion de désordres, et finalement avaient déclaré que cette manifestation ne pouvait avoir lieu sans la permission expresse des corps constitués, chargés de maintenir l'ordre. Les envoyées du Club avaient répliqué qu'un récent décret autorisait ces cérémonies moyennant une simple déclaration au greffe de la municipalité. A quoi les officiers municipaux avaient répondu qu'ils allaient examiner la question et vérifier les ·dires des citoyennes.

Le lendemain, 5 août, deux clubistes revinrent auprès du Corps municipal, bientôt après les trois qui formaient la ·députation de la veille arrivèrent aussi et, en pleine salle du ·Conseil, déclarèrent « que la loy étant formelle pour permettre ce que l'on demandoit, moyennant une simple déclara-

---

(1) Registre de la *Société des Amis de la Constitution,* f° 83 v°.
·(2) *Archives communales de Pau,* D. 5, f° 89.

tion, on ne pouvoit s'y refuser » (1). Ici survint un incident. Le procureur-syndic, Labat, qui avait toutes les sympathies de ces dames, protesta contre les atermoiements de ses confrères, se leva de sa place, gagna la porte et, avant de sortir, en la faisant claquer, « il se retourna, disant que la loy étoit telle et qu'il falloit la faire exécuter » (2).

Les citoyennes partirent et les officiers municipaux, se voyant impuissants à empêcher une manifestation qui leur paraissait inopportune et illégale, n'osant pas d'ailleurs lancer une défense indispensable à tout autre moment, mais qui dans l'effervescence présente aurait été violée et aurait par suite compromis leur autorité, décidèrent « qu'on se borneroit à constater les faits et qu'on instruiroit le Directoire du Département et celui du District des projets formés par la Société des Amies de la Constitution » (3).

C'était le triomphe des dames sur toute la ligne. Pauline Siro qui avait été la cheville ouvrière de toutes ces démarches, voulut faire preuve de grandeur d'âme et de désintéressement. Elle avait été à la peine, elle ne voulut pas être à l'honneur. Une note du compte-rendu de ces événements nous renseigne en ces termes : « Madame Pauline Siro ayant absolument voulu donner sa démission, avant la célébration de la fête, Madame Larrieu (4) fut placée sur le fauteuil. Elle fut désignée unanimement par la Société, qui s'honora elle-même en reconnoissant par un si digne choix le civisme et les talens héréditaires de cette nouvelle présidente » (5).

(1, 2, 3) *Arch. com. de Pau*, D. 5, f⁰ 89.

(4) C'était une sœur du fameux médecin Théophile de Bordeu. Catherine-Philippine de Bordeu était née à Pau le 5 décembre 1737. (*Arch. com. de Pau*, GG. 28, f⁰ 34 v⁰). On trouve dans la correspondance de Théophile des lettres curieuses, pleines de sentiments affectueux pour sa famille et d'attachement au vieux Béarn et surtout à Izeste, son village natal, qu'il écrivait à la « belle Philippine », sa sœur, dans les dernières années de sa vie. Les réponses de Philippine ne sont pas moins curieuses ; dans l'une d'elles en particulier, on lit une prière fort originale en béarnais qu'elle adresse a Dieu en faveur « *d'u fray qui n'a soun pariou.* » Après la mort de Théophile, Catherine-Philippine se maria avec un avocat de Pau, Guilhaume de Larrieu (10 février 1778). (*Arch. com. de Pau*, GG. 152, f⁰ 6). Ce Larrieu avait été patronné à Paris par Théophile et celui-ci parle à sa sœur de « Larrieu, *votre ami*, dont je demeure de plus en plus content. » Il était valet de chambre du cardinal de Luynes et habitait avec le célèbre naturaliste Palassou, quand, au matin du 24 décembre 1776, il fut le premier à constater la mort du grand médecin, à qui il allait rendre visite.

(5) *Relation d'une fête civique célébrée par les citoyennes de la ville de Pau*, p. 14.

Le 6 août, les invitations étaient lancées pour la fête du lendemain. Comme de juste, les Amis de la Constitution acceptèrent avec enthousiasme :

SÉANCE DU 6 AOUT. — « Il a été fait lecture d'une lettre par laquelle la Société des Amies de la Constitution nous invite à nous rendre à une fête civique qu'elles célèbreront demain. La Société a accueilli cette invitation avec empressement » (1).

Quant à la municipalité, invitée elle aussi, elle fit naturellement une réponse différente :

« L'an 1791 et le 6 août, en assemblée du Corps municipal, scéans MM. de Navailles maire, Lassus, Pène-Gaureret, Couat, Broucaret, Lassalette, Laterrade, officiers municipaux et Labat, procureur de la Commune,

« M. le Maire a fait lecture d'une lettre écrite ce jourd'huy par les citoyennes composant la Société des Amies de la Constitution, souscrite Larrieu présidente, Hounau secrétaire, par laquelle la municipalité est invitée de se trouver demain pour assister à une fête civique qui doit commencer par une cérémonie religieuse. M. le Maire propose de délibérer. Sur quoi et après avoir entendu M. le procureur de la Commune, il a été arrêté qu'il demeure constaté qu'à la vûe des mouvemens qu'a occasionnés dans la ville l'avis donné par les Amies de la Constitution, le 4 de ce mois, la municipalité a cru de sa prudence de ne pas donner les ordres que la circonstance auroit peut-être exigé dans un moment plus heureux, mais elle ne croit pas devoir autoriser par sa présence la fête publique pour laquelle les Amies de la Constitution l'ont invitée par leur lettre de ce jour, qu'au surplus la municipalité s'assemblera demain à 8 h. pour tenir séance pendant la durée de la cérémonie, afin d'être à portée de pourvoir aux divers cas qui pourroient survenir et qu'enfin il va être envoyé aux corps administratifs des collationnés du susdit avis et lettre ainsi que du présent procès-verbal. [Signé :] J. L. Navailles, maire » (2).

---

(1) Registre de la *Société des Amis de la Constitution*, fo 83.

(2) *Archives communales de Pau*, D. 5, fo 90 vo et 91. A remarquer que la signature du maire ne porte pas la particule nobiliaire. Le 30 juin 1790, le maire avait déclaré qu'il abandonnait son titre de baron et que désormais il ne signerait plus *Le baron de Navailles*, mais tout simplement *Navailles*. (*Arch. com. de Pau*, BB 23, fo 184 vo).

V

La Fédération du 7 Août.

Comme ils l'avaient arrêté dans leur délibération, les officiers municipaux se tinrent en séance permanente dans la salle du Conseil, pendant toute la journée du 7 août, depuis huit heures du matin. Ils avaient adressé un appel au commandant des Gardes nationales et à celui de la Gendarmerie en cas d'une réquisition de la force armée qui pourrait être nécessitée par les événements. Ils apprirent que le Club féminin avait invité à la Fédération ces divers corps de troupes ; ils se déterminèrent « à faire une réquisition éventuelle au commandant des Gardes et une réquisition verbale à celui de la Gendarmerie » (1). La cérémonie projetée se passa sans incidents. En voici le récit fait par les intéressées elles-mêmes :

« On se livre aux apprêts ; déjà les grâces empruntent de leur ceinture quelques ornemens légers pour orner le bonnet de la liberté, autour duquel la beauté, *en dépit de l'aristocratie*, va rallier tous les cœurs qui y voleront de toutes les parties de la terre. Amen ! Amen ! Amen !!!

Le grand jour arrive ; dès le matin une pluie abondante répandit la tristesse dans le cœur de toutes celles dont les vœux alloient être comblés, et à l'accomplissement desquels le ciel sembloit se

----

(1) *Archives com. de Pau*, D. 5, f° 90.

refuser. Cependant on n'en ajustoit pas moins la cocarde nationale sur le bras gauche ; et combien de citoyennes s'applaudi-
rent en déployant ce signe qui devoit être le garant de leur amour
pour la Constitution ! Le triomphe des ennemis de cette fête civique ne fut pas long : Dieu voulut bien sourire à la patrie ; il ne
nous resta de nos alarmes que le sentiment de goûter encore
plus vivement une joie que les premières appréhensions avoient
troublée.

Le lieu de rassemblement de toutes les citoyennes étoit dans la
grande salle de la ci-devant première présidence. La garde nationale se forma dans la rue, pour servir de cortège aux citoyennes.
Dès que le signal fut donné, on arbora la bannière. Le bonnet de
la liberté fut porté au haut d'une pique par une jeune fille ; les
rubans qui étoient suspendus des deux côtés de cet emblème de
la révolution, étoient soutenus par deux autres. Au sommet du
bonnet on voyoit voltiger une flamme sur laquelle on lisoit : *Il
couvrira toute la terre.* Les citoyennes vêtues de blanc et ornées
de rubans aux couleurs nationales, suivirent la bannière et vin-
rent se ranger, de trois en trois, entre les deux bataillons de la
garde nationale.

La marche fut ouverte par la musique, à la tête du premier
bataillon. Les citoyennes, au nombre de quatre cents, placées
entre deux haies des jeunes élèves, étoient suivies des Amis de la
Constitution, parmi lesquels marchoient confondus les adminis-
trateurs du Directoire du Département et du District, et M. Labat,
officier municipal. Le second bataillon de la garde nationale
fermoit la marche. S'il est facile de décrire l'ordre avec lequel
tout ce cortège se rendit à l'autel de la patrie, il est difficile d'exprimer les douces émotions qu'éprouvèrent les âmes sensibles,
par ce rapprochement, qui annonçoit la réunion prochaine de
tous les esprits et de tous les cœurs dans le sein de la patrie.

On ne pouvoit se rassasier du spectacle de cette procession de
femmes patriotes, qui, par l'expression des sentimens qui se pei-
gnoient sur leurs traits, rappeloient cette attendrissante époque,
où le cortège des dames romaines sauva la république par la con-
quête des cœurs des Volsques.

Dès que l'on fut arrivé au champ de Mars, la troupe se rangea
autour de l'autel, devant laquelle se placèrent les citoyennes et
les Amis de la Constitution. La messe fut célébrée par Augustin
Sordes, vicaire de l'évêque, qui prononça un discours dont nous
avons obtenu une copie, et que nous rapporterons à la suite de
cette relation.

Ce discours étant prononcé, Madame Larrieu, présidente de la
société, monta sur l'autel pour prêter le serment civique. Aussitôt
toutes les citoyennes levèrent la main ; celles qui étoient mères
promirent d'élever leurs enfans pour la constitution, et celles

qui ne l'étoient pas se surprirent faisant des vœux pour s'attacher à la patrie par une nouvelle chaîne.

On se retira dans l'ordre que nous avons déjà décrit ; le reste de la journée fut rempli par cette joie, plutôt profonde que vive, dont l'expression ne se manifeste pas immodérément par des signes extérieurs. C'étoit la joie qui concentre par des impressions douces et tranquilles.

Le bonnet de la liberté fut promené pendant l'après-midi ; mais le plaisir le plus vif fut celui qu'éprouvèrent les bons citoyens et les bonnes citoyennes, en se confondant dans la salle des amis de la constitution, pour s'entretenir des intérêts communs.

Telle est l'histoire (1) de cette fête civique. Elle a justifié, aux yeux de tout le monde, les intentions de celles qui avoient surmonté tant d'obstacles pour la célébrer, et il ne doit rester aux officiers municipaux de la conduite qu'ils ont tenu, que des remords et de la confusion.

DISCOURS

Prononcé après la Messe que les Citoyennes firent célébrer le Dimanche 7 du mois d'Août sur l'Autel de la Patrie

PAR AUGUSTIN SORDES

Vicaire de M. l'Evêque du Département des Basses-Pyrénées.

« Citoyennes,

« Vous offrez ici un spectacle aussi magnifique qu'attendrissant. Les Helvétiens se rallièrent autrefois au tour du bonnet élevé par Guillaume ; et cet emblème de la liberté, élevé aujourd'hui par vos mains, va donner le dernier degré d'énergie aux François déjà passionnés pour cette divinité qui fut trop long-temps sourde aux vœux des mortels.

« Sans doute, tous les spectateurs partagent les sensations profondes, qui remplissent mon âme dans un moment si beau ; et c'est pour leur satisfaction, comme pour la mienne, que j'ose être l'interprète de tous les cœurs, en m'abandonnant aux mouvemens du mien.

« Quelle est la reine puissante, qui a commandé aux François d'être libres ? C'est L'OPINION. Cette maîtresse du monde dirigée

---

(1) Les critiques vont s'exercer sans doute sur le stile de cette relation. On voudra connoître l'auteur, non point à cause de l'ouvrage, mais à cause de l'importance du sujet. Je ne crains pas, pour cette fois, que l'on désigne le sieur Sordes, qui ne sait offrir que des images sanglantes, et s'envelopper de grands mots. D'ailleurs, ceux qui savent qu'il est très vindicatif, diront qu'il n'auroit pas parlé si avantageusement de la municipalité. Avec la permission du lecteur nous resterons donc dans les ténèbres de l'anonime. (*Note de l'original*).

par la philosophie flétrissoit depuis long-temps les despotes, et préparoit cette masse énorme qui doit écraser un jour tous les tyrans et tous les trônes. De leurs débris ressusciteront un jour toutes les nations de l'Europe ; et la France, qui la première a élevé son front majestueux, se repose déjà avec assurance sur les ruines de la Bastille, et sur les ruines des préjugés.

« Mais les préjugés ennemis du bonheur et de la liberté, retarderoient encor pendant long-temps les progrès de la raison, si celle-ci n'employoit pour son triomphe des armes plus puissantes que les foudres qui ont abattu le plus redoutable boulevard du despotisme.

« Citoyennes, ces armes sont entre vos mains. C'est vous, dont la puissance ne fut jamais méconnue ; vous, dont l'opinion fit toujours l'opinion générale, qui devez rallier tous les François autour de la Constitution, et en assurer ainsi l'éternelle durée. Souvenez-vous que votre empire est fondé sur les loix même de la nature, puisqu'il est de tous les temps. Hercule fut contraint de filer près d'Omphale, et le fort Samson étoit bien moins fort que Dalila (1).

« Quel malheureux siècle que celui, où les femmes perdirent leur ascendant ; et où leurs jugemens ne seroient rien pour les hommes ! ce seroit le dernier degré de la dépravation. Tous les peuples qui ont eu des mœurs ont respecté votre sexe. Sans parler des Spartiates et des Germains, je vois à Rome les jugemens des femmes consacrés par l'opinion publique ; je vois à Rome les plus grandes Révolutions opérées par des femmes. Par une femme, Rome acquit la liberté, par une femme Rome fut sauvée des mains de Coriolan.

« Depuis deux ans seulement, la grande famille est réunie en France sous les mêmes loix. Les citoyens, qu'il étoit de l'intérêt de nos despotes de tenir divisés, n'avoient rien de commun entre eux que l'oppression sous laquelle ils gémissoient. Ils ne

---

(1) On a fait un reproche à l'auteur d'avoir employé ce trait prophane de la mythologie, dans une cérémonie religieuse. Ceux qui sont versés dans l'étude de la fable savent qu'il n'est aucun traité de morale plus profond, que le recueil de ces fictions qui paroissent si bizarres à des yeux vulgaires. Il ne faut que savoir lever le voile, et l'on trouve dans un seul trait allégorique les vérités les plus utiles pour la règle des mœurs. Je me renferme dans celui que l'auteur vient de citer. Hercule, fameux par tant d'exploits, Hercule célébré comme un demi-dieu, veut subjuguer les cinquante filles de Thespitius, et il est contraint de manier des fuseaux près d'Omphale ! Femmes quel bel empire ! Les François sont libres ; c'est à nous qu'il appartient d'en faire une nation de héros, et même de demi-dieux... Je ne puis pas répondre dans une note à toutes les critiques. Je me contenterai de dire que beaucoup de gens jugent très légèrement, et sans connaissance de cause. C'est un reproche que l'on peut faire à ceux qui auroient voulu que l'orateur eût parlé dans son discours d'Esther, de Judith, de Jeanne d'Arc, de... Son but n'étoit pas de prouver par l'exemple de toutes ces inspirées, qu'il avoit existé des femmes célèbres ; mais d'établir leur empire sur les hommes avec les armes puissantes de la persuasion. Hercule et Samson donnent une grande leçon à tous les hommes ! (*Note de l'original*).

connaissoient point de félicité générale, et l'égoïsme circonscrivoit les belles passions de la nature dans l'intérêt individuel. Mais aujourd'hui l'opinion dirigée par les femmes, va désigner le centre, où tous les rayons doivent aboutir. Elle flétrira les détracteurs de nos loix qui pleurent encor les ridicules hochets de leur orgueil, et préparera une nouvelle génération dont les enfans suçant avec le lait l'amour de la constitution nouvelle, ne pourront plus vivre que dans l'élément du grand intérêt public.

« C'est alors que le civisme, cette vertu sublime, qui fut toujours le principe des plus belles actions, animera tous les cœurs ; et l'émulation de bien mériter de la patrie, formera autant d'Alcibiades que l'on comptera d'Aspasies. C'est vous citoyennes qui distribuerez les prix en régnant sur l'opinion. Si le glaive de l'égalité, en mettant de niveau toutes les têtes a renversé les idoles à l'autel desquelles on sacrifioit tant de victimes humaines ; ce n'est que pour vous élever sur leur piédestal. Le François devenu libre n'a pas voulu se soustraire à votre empire. Sa plus chère récompense, après les efforts qu'il a faits pour détrôner les despotes, sera de vous voir sur des trônes, aux pieds desquels vous attacherez nos héros par l'ascendant irrésistible de la vertu.

« Que de grandes choses on peut faire avec ce ressort, si l'on sait le mettre en œuvre. Vous en connoissiez toute la puissance, vrais amis de la constitution, lorsque vous accueillîtes avec tant de transport, le projet de cette fête civique qui affermit les fondemens de notre révolution.

« Rassurons-nous ; l'univers entier se remue, et la ligue rédoutable de toutes les puissances de l'Europe semble ménacer le sublime ouvrage de nos législateurs, au moment où nous allons recevoir de leurs mains l'acte constitutionnel qui assure notre prospérité ; mais le feu sacré sera sans cesse allumé sur cet autel ; les nouvelles Vestales chargées du soin de l'entretenir, enflamment le cœur des défenseurs de la liberté, et ils seront invincibles.

« Braves gardes nationaux, hésiteriez-vous encore ? Ah ! sans doute, il se trouveroit, parmi nos Françoises, des héroïnes qui sauroient vous frayer le chemin de l'honneur ; et qui après avoir présenté, les premières, leur sein au fer hommicide, se tourneroient vers vous, et vous diroient en vous présentant leur poitrine ensanglantée, comme autrefois la femme de Pœtus : *il ne fait point de mal.*

« Le péril commun appelle tout le monde au combat. Depuis que nous sommes libres, nous sentons ce que c'est que d'avoir les entrailles émues par l'amour de la patrie. Heureux échange ! oui nous avons une patrie, et nous n'avions qu'un maître. Au cri de Vive le Roi, succède le cri de *Vive la Nation.*

« Cette voix puissante va peut-être nous appeller aux frontières. Femmes citoyennes nous allons défendre notre liberté et notre constitution ; en l'aimant vous nous commanderez de vaincre ; et vous serez obéies : on comptera autant de héros que de soldats françois.

« Tendres épouses ! vos époux vous seront plus chers, lorsqu'ils reviendront chargés de blessures glorieuses. Après avoir versé sur leurs plaies le beaume de votre tendresse, vous leur présenterez les gages de votre amour qu'ils auront sauvés. Les larmes douces de leurs cœurs attendris par l'image de la patrie, se mêleront aux larmes de la nature. Dans cette délicieuse yvresse, remplies des sentimens de mères et d'épouses, vous viendrez faire inscrire ces heureux maris sur la pierre de cet autel, qui consacrera à l'immortalité les noms des premiers deffenseurs de la liberté. Puisse cependant le ciel être avare d'un sang si précieux !

« O vous qui m'accusez d'être sanguinaire, parce que j'ai le désir d'exalter mes concitoyens que vous voudriez endormir (1) sur le péril commun, tandis que peut-être vous vous réjouissez des complots de nos ennemis ; que ne pouvez-vous lire dans mon âme ? vous y verriez, en traits profonds, ces mots gravés : Patrie et Liberté. C'est le désir du bonheur public qui m'enflamme ; mais ce seroit déroger à ce sentiment, que d'employer, à faire mon apologie, un temps précieux, pendant lequel je dois abandonner nos patriotes aux affections que ce spectacle si nouveau produit dans leurs âmes.

« Détournons nos yeux de dessus des scènes d'horreur et de carnage. S'il faut un jour ensanglanter nos conquêtes, nous les ensanglanterons ; et nous ferons croître l'arbre de la liberté, en l'engraissant des cadavres de ceux qui voudroient nous redonner des chaînes, dussent nos cendres être confondues avec des cendres aussi impures !

« Mais en attendant que le péril commun nous appelle à la victoire, livrons-nous aux douces impressions de cette fête. Contemplons nos citoyennes levant les mains autour de l'autel de la patrie, et faisant des vœux qui sont agréés de l'Éternel. Qu'elles soient couvertes de fleurs ! Qu'elles soient accompagnées des

---

(1) L'observation de l'orateur est juste. Il y a beaucoup trop de ces sirènes enchanteresses qui veulent nous plonger dans un sommeil léthargique, pour nous enchaîner avec plus de succès. Les patriotes ardens ne sont représentés par les prétendus amis de la paix, comme des perturbateurs du repos public, que parce qu'ils exaltent sans cesse ces premiers sentimens de liberté et d'égalité naturelle, qui même dans le dernier période de la dégradation des peuples ne furent jamais entièrement oblitérés. Soufflons toujours le feu du patriotisme ; fondons s'il est possible la glace de ceux qui voient l'état tout entier dans une capucinière ; et de qui nous sommes bien loin de partager la sécurité, lorsqu'ils se croient en droit d'écrire à l'Assemblée nationale, que nous sommes prêts à recevoir l'ennemi, sans doute parce qu'ils ont conservé des barbes et des sandales. Ainsi la peur que les éléphants firent autrefois aux Romains, fut pendant quelque temps le plus sûr rempart de Pyrrhus. (*Note de l'original*).

sons les plus touchans de l'harmonie ! Après avoir cédé à l'attendrissement que produit un si ravissant spectacle, nous n'en aurons que plus de courage, pour remplir l'engagement sacré, que nous renouvellons encore de vivre libres ou de mourir » (1).

____

(1) *Relation d'une fête civique célébrée par les citoyennes de la ville de Pau*, p. 13-23.

VI

Après la Fédération.

Cette fête devait avoir un épilogue. La Municipalité, réunie le 8 août, rédigea un long procès-verbal de tout ce qui s'était passé et en envoya une copie à l'Assemblée nationale et au Pouvoir exécutif. Elle y joignit un « imprimé de l'écrit incendiaire attribué au s^r Sordes avec une copie collationnée de la première pétition rejettée par la municipalité, autre collationné de la pétition acceptée et sur laquelle fut couchée l'autorisation de la municipalité, autre collationné de l'avis donné de la célébration de la fête, et enfin un semblable collationné de la réquisition faite au commandant » (1).

Les Amis de la Constitution délibérèrent à leur tour :

Séance du 11 Août 1791

« Il a été fait lecture d'une copie du procès-verbal dressé par la municipalité de Pau concernant la Fédération civique projettée et exécutée par les citoyennes de la Société des Amies de la Constitution et les démarches que cette fête a nécessitées auprès d'elle. M. Sordes (2) a quitté le fauteuil, et sous la prési-

---

(1) *Archives com. de Pau*, D. 5, f° 90.

(2) Le président de la Société populaire était en ce moment d'Iturbide, et le vice-président Aug. Estarac, un bénédictin de Saint-Maur, professeur de philosophie et de mathématiques au collège. On avait, en outre, nommé, le 4 mai 1791, six adjoints aux président et vice-président : c'étaient MM. Leremboure, Sordes, Perrin, Tissot, Gachet et Mayniel.

dence de M. Mayniel, il a été arrêté que MM. Laut fils, Palas,
Thèze, Noussitou sont chargés de préparer un travail et de nous
faire leur rapport demain dans une séance extraordinaire et
publique. » (1)

SÉANCE DU 12 AOÛT 1791

« L'ordre du jour a amené le rapport des commissaires nom-
més dans la séance du 11. M. Sordes a quitté le fauteuil et sous
la présidence de M. Mayniel, la Société, après une mûre délibération, a arrêté que MM. le colonel de la Garde nationale et le
brigadier de la Gendarmerie nationale seraient priés de se rendre à la Société pour donner une déclaration par écrit s'ils
avaient été requis par MM. les officiers municipaux pour s'opposer aux troubles qui pourraient résulter de la fête civique
dans laquelle les dames citoyennes se préparaient à donner
l'exemple du civisme le plus pur.

« Elle a arrêté d'après le rapport de MM. les com^{res} qu'il
serait fait une pétition à l'Assemblée nationale, au Pouvoir exécutif, et copie serait envoyée à la Société des Jacobins, à l'effet
de justifier les dames citoyennes et les membres de la Société
des inculpations calomnieuses renfermées dans le procès-verbal
de la municipalité. [Signé :] Mayniel-Meuilh, p^t, Damborgez,
Thèze, Lapeyre, secrétaires. » (2).

L'opinion publique elle-même fut saisie de la question.
Nous avons déjà plusieurs fois et longuement cité un récit de
la fête du 7 août et des péripéties qui en avaient formé les
préliminaires, imprimé sous le titre de *Rélation d'une fête
civique célébrée par les Citoyennes de la Ville de Pau, etc...*
C'était une sorte de libelle sur un ton persifleur où on se
moquait des officiers municipaux, de leurs craintes, de leurs
hésitations, de leurs discours, et enfin du procès-verbal qui
avait été envoyé à Paris. Voici en quels termes il était parlé
de cette délibération et des mesures que l'autorité avait cru
devoir prendre :

« J'ai sous les yeux un extrait du registre des délibérations de
la municipalité de Pau (3). C'est une pièce plus curieuse que

---

(1) Registre de la *Société des Amis de la Constitution*, f° 84.
(2) *Ibid.*, f° 85.
(3) Il s'agit de la longue délibération des 7 et 8 août 1791 que l'on peut lire
dans les registres de la municipalité. (*Arch. com. de Pau*, D. 5, f° 89 et 90).

toutes celles que les illusions de l'optique peuvent présenter
dans la plus belle lanterne magique. Représentez-vous les officiers municipaux munis de lunettes aussi fidèles que celles de
don Quichotte, lorsqu'il prenoit des troupeaux de moutons pour
des armées de Sarrazins, et vous n'aurez encore qu'une idée très
imparfaite de toutes les épouvantables chimères qui allarmèrent
leurs imaginations, déjà frappées par le pathos éloquent de
M. le Maire. Celui-ci prononça un discours, qui fit l'ouverture
de la fameuse séance, tenue le jour de la fédération des femmes, d'après une délibération prise la veille, et par laquelle les
pères conscrits se condamnèrent à se renfermer en assemblée
permanente, dans la salle du Conseil, pour constater, de là, les
faits qui se passeroient pendant tout le jour dans la ville et au
champ de Mars.

En entendant les cris de haro, et les déclamations du Démos-
thène (1) municipal contre les factieux, vous auriez cru entendre Mirabeau demandant au roi d'éloigner de l'enceinte de l'Assemblée nationale, les troupes qui menaçoient la liberté des
représentans du peuple souverain. Par cette Catilinaire les
municipaux se virent revêtus du dictatoriat, comme les consuls
de Rome, lorsque, dans les circonstances les plus critiques, le
Sénat rendoit ces derniers responsables de la chose publique :
provideant consules ne quid detrimenti respublica capiat.

J'ignore si nos consuls veillèrent pendant tout ce jour-là,
mais je sais qu'ils auroient été trop heureux de dormir. La
séance fut longue et monotone, et d'ailleurs, comme dit le lapin
de La Fontaine : *que faire dans un gîte à moins que l'on n'y
dorme.* Enfin, si malgré les pavots de M. le Maire, ils ne dormi-
rent pas, je suis sûr qu'ils rêvèrent ; car connoissant l'étendue
de leurs facultés auditives, il ne peut se faire que ce ne soit
pas en songe qu'ils entendirent battre la générale.....

Mon but n'est pas de relever toutes les erreurs d'un procès-
verbal, qui ne mérite pas seulement les reproches du faux, dont
il porte partout le caractère, mais surtout celui de l'incivisme.
La surveillance extraordinaire recommandée par M. le Maire
eût tout au plus été jugée une précaution inutile, si une dénon-
ciation calomnieuse faite à l'Assemblée nationale et au pouvoir
exécutif, ne décéloit dans des magistrats, qui devroient être
impassibles, comme la loi, un ressentiment aussi impuissant

---

(1) On jugera de l'éloquence de cet orateur par un extrait de son discours :
« Nombre de citoyennes se rassemblèrent pour former entr'elles une société
particulière, et l'association du moment n'eut pas de suite ; à l'époque de la
fédération générale, le 14 juillet 1790, elles se mélèrent parmi la troupe de
leurs concitoyennes, et n'exigèrent pas une distinction qui pourroit devenir *le
germe de tout plein d'inconvéniens.* La fédération qui *s'est effectuée* le
14 juillet dernier a rassemblé tous les citoyens et citoyennes. La paix renaissoit
lorsqu'un esprit *factieux* en a empoisonné l'harmonie ». *(Note de l'original).*

qu'il est condamnable. Où sont donc les factieux ? Je le demande au Directoire du Département, qui a accueilli, au moins légèrement, les calomnies de Messieurs les officiers municipaux. La confiance publique se repose heureusement encore sur MM. d'Iturbide et Leremboure, et l'opinion, en les désignant pour la tribune nationale, venge assez ce dernier des tracasseries de ses collègues... » (1)

L'auteur de cette *Relation* pourrait bien être le citoyen Sordes. Une note tirée du texte original même de la *Relation* et que nous avons citée à la fin du récit de la fête de la Fédération, nie bien une pareille paternité, mais la manière dont cette note est rédigée donnerait justement à entendre le contraire de ce qu'elle affirme. D'ailleurs les réminiscences classiques que l'on trouve dans ce travail, ainsi que les chicanes sur les fautes de mauvais goût signalées dans l'éloquence de M. de Navailles sentent le cuistre de collège d'une lieue. De plus, il y a un terme qui revient plusieurs fois sous la plume du critique : c'est le mot *factieux* contre lequel il proteste et qu'il semble avoir fortement sur le cœur. Or il se trouve que cette expression d'*esprit factieux* est justement celle dont la municipalité s'était servie pour désigner le citoyen Sordes, et dès lors il semble tout naturel que l'inculpé ait déversé sa mauvaise humeur contre les officiers municipaux dans les pages rageuses de cette *Relation*.

Les *citoyens* et *citoyennes* qui avaient eu maille à partir avec la municipalité ne se contentèrent pas de former l'opinion à Pau seulement en répandant ce récit imprimé des événements. La France entière put connaître les démêlés du corps municipal et des Amies de la Constitution de Pau. Toutes ces aventures diverses furent publiées en effet dans un journal patriote de Paris, le *Courrier des quatre-vingt-trois départements*, (n°ˢ des 27 juillet, 9 et 20 août et 13 septembre 1791) (2). Il serait trop long de tout citer, mais voici quelques passages suggestifs qui nous prouvent que les corres-

---

(1) *Relation d'une fête civique célébrée par les citoyennes de la ville de Pau*, p. 25.

(2) Cité par le Baron MARC DE VILLIERS dans son *Histoire des Clubs de femmes et des légions d'amazones*, Paris, Plon, 1910, p. 160.

pondants palois du journal parisien ne faisaient qu'un avec les auteurs de la fameuse *Relation* :

« Les officiers municipaux refusèrent de prendre part à cette fête des grâces et du patriotisme, qu'ils jugeaient on ne peut plus puérile et ridicule, et se tinrent à l'Hôtel de Ville, prêts à mar-cher, crainte de quelque évènement, avec le guet composé de dou-ze invalides armés jusqu'aux dents ».

Et ailleurs :

« Ces respectables amazones sont en guerre ouverte avec la municipalité, mais la raison n'est pas du côté des sé-nateurs... Persuadées que la galanterie ne rougissoit pas d'avoir la liberté pour sœur, ces dames n'avaient envoyé aux officiers municipaux qu'une adresse laconique pour demander l'autorisa-tion de célébrer une fête civique. Or, ceux-ci répondirent : «..Nous avons lieu d'être surpris, madame, du ton leste et irrespectueux qui règne dans votre pétition.... On n'écrit pas quatre lignes à des hommes comme nous ; si vous voulez être autorisées, faites-nous une pétition plus longue... etc... »

Les citoyennes, se voyant ainsi soutenues et rendues d'ail-leurs insolentes par leur succès dans tous les événements précédents, envoyèrent l'adresse suivante à l'Assemblée nationale :

ADRESSE

Des Citoyennes de la Ville de Pau, composant la Société des Amies de la Constitution, à l'Assemblée Nationale

« MESSIEURS,

« Des citoyennes Amies de la Constitution vous dénoncent une municipalité d'autant plus condamnable, qu'elle a méconnu, par des procédés très peu galants, nos droits, qui furent toujours respectés ; et qu'elle a enfreint des loix, que vous avez faites pour le bonheur de cet empire. Quelqu'éclatantes qu'ayent été, de tous les temps, nos vengeances, n'attribués pas notre démar-che à un petit ressentiment. Nous sommes unies par l'intérêt public. Si une déesse implacable fit autrefois retentir les voûtes du ciel d'une petite tracasserie de rivalité, des Dames citoyen-nes, élevées avec vous à la hauteur de la Constitution, ne savent se passionner que pour votre ouvrage, et vous préparer les couronnes civiques, que vous recevrez, à la fin de votre glorieuse carrière, des mains de la vertu et de la beauté.

« Sans doute votre succès n'eût pas été complet, si, après avoir présenté à toute la terre le manifeste de l'humanité outragée jusqu'à nos jours, nous ne vous eussions secondés, pour armer l'opinion contre des despotes, que vous avez renversés, et qui ne pourront plus se relever, lorsque nous les aurons foulés sous nos pieds. Ces sentimens énergiques ne sont pas à la portée de nos officiers municipaux, qui, mesurant tout d'après leurs petites passions, veulent faire de leurs écharpes des chaînes plus pesantes que celles des tyrans. Ils nous contestent même un empire que la nature a consacré, et que vous n'auriez pu vous-mêmes méconnoître, sans violer les droits imprescriptibles que vous avez restitués aux François régénérés.

« Lisés, Messieurs, le procès-verbal que la Société des Amies de la Constitution de cette ville vous dénonce ; il porte les caractères du faux, et surtout de l'incivisme de ceux dont la prétendue vigilance n'est point armée contre les perturbateurs du repos public, mais contre les citoyens ardents pour le maintien de la Constitution.

« Malgré les complots de nos ennemis, reposez-vous sur notre surveillance ; mais pour récompenser notre zèle, faites entendre votre improbation contre des dépositaires infidèles, qui défigurent, autant qu'il est en eux, votre ouvrage, pour le renverser peut-être, s'il étoit possible.

« Vous fûtes tous dans nos cœurs, lorsque dans notre fête civique, nous promîmes de faire sucer avec le lait à nos enfans, l'amour de la liberté. Que cet hommage soit pour vous un encouragement, afin de nous remettre, dans toute son intégrité, l'acte constitutionnel qui assure la prospérité de cet empire, et l'accomplissement de tous nos vœux !

La Société des Amies de la Constitution séante à Pau.

> Catherine Larrieu, née Bordeu, présidente.
> Victoire Labat, secrétaire.

> Pau, ce 12 août 1791 » (1).

La municipalité avait pour elle les esprits pondérés, ennemis des exagérations, des violences et du ridicule. Pauline Siro et son inspirateur Aug. Sordes, furent malmenés dans un factum curieux, rempli d'esprit et de bon sens, qui circula sous le manteau. On l'avait fait imprimer pour le mieux

---

(1) *Relation d'une fête civique célébrée par les citoyennes de la ville de Pau.* p. 27.

répandre, mais où et quand ? Qui en était l'auteur ? —
Mystère.

Réponse | au discours de Pauline Siro, pré ' sidente de la Société
des Amies | de la | Constitution, séante a Pau.

« Mademoiselle,

« Malgré la réputation brillante dont vous jouissez parmi vos
pareilles, malgré vos profondes connoissances en matière ecclé-
siastique, vous nous permettrez de douter que vous soyez l'auteur du discours qui a paru sous votre nom. Que vous éprouviez
de tendres émotions, à la bonne heure, que vous aimiez *à les
épancher dans le sein d'autrui*, passe encore : mais que vous
ayez lu l'histoire ecclésiastique ; oh ! c'est ce qui nous étonne.

Nos soupçons sur votre impuissance à produire un tel discours, se sont bientôt tournés en certitude ; nous connoissons le
stile de votre chevalier, et nous serions bien trompés, si vos
idées brutes et grossières n'avoient passé par son alambic.

Avouez M. S.... (car c'est à vous que je m'adresse), avouez que
vous auriez pu mieux choisir votre héroïne ; en vérité j'en ai
honte pour vous : je veux bien croire que vous n'avez voulu que
vous amuser : mais j'ai trouvé vos amusemens tant soit peu romains, c'est-à-dire atroces.

Vous avez dit, je ne me souviens plus où (tant vos ouvrages se
sont multipliés, apparemment depuis que Pauline Siro est la
Déesse qui vous inspire), vous avez dit quelque part : *mes facultés sont anéanties* etc.. On vous a tourné en ridicule sur cette expression ; on n'avoit pas tort alors : mais quel seroit aujour-
d'hui le railleur assez injuste pour ne pas vous pardonner *cet
anéantissement de vos facultés* devant Pauline Siro ?

De votre personne passons à votre ouvrage et dites-moi quel
intérêt avez-vous de faire des femmes de Pau un régiment de
Grenadiers ? C'est cependant le but auquel vous visez . et cer-
tes, le langage intrépide de madame la Présidente, qui indubi-
tablement deviendroit Colonelle si votre projet avoit lieu, dé-
note un grand fonds de courage, un courage plus que féminin.
Oui sans doute, lui faites vous dire, *nous pourrons jurer que
cette terre privilégiée ne sera plus foulée par des tyrans, et
qu'après avoir prodigué le sang de nos époux et de nos enfans,
nous formerons encore un dernier rempart, pour nous ensevelir
ensuite, si nos efforts sont inutiles, sous les cadavres de ceux
qui auroient voulu nous disputer l'honneur d'être les premières
victimes.* Que diroit, que feroit de plus un grenadier ? Il me semble que si toutes les citoyennes de Pau s'élevoient *à la hauteur
de la Révolution*, et surtout à la hauteur de Pauline Siro, il me
semble, dis-je, qu'alors il n'y auroit plus de femmes ; et dans

ce cas que deviendrions-nous ? Que deviendriez-vous sur-tout vous-même ?

Ici mon étonnement redouble : mais l'intrépidité de Pauline Siro redouble aussi. Après ces idées désastreuses *de sang, de cadavres, de victimes*, elle s'écrie avec une fermeté impassiblement héroïque : *ce spectacle d'horreur présent à mon esprit n'a rien qui m'épouvante...* La raison en est toute simple ; c'est que madame la Présidente *toute éprise de sa nouvelle existence se trouve élevée à la hauteur de la révolution...* Allez répliquer à cela.

Mais quelle amertume vient se mêler à ces grans sentimens ! Madame la Présidente doute du patriotisme de plusieurs citoyennes, elle convient néanmoins que *le plus grand nombre est composé d'amies de la Constitution*, et si comme pour être amie de la Constitution, il était essentiellement nécessaire d'être présidée par Pauline Siro, elle voue *à l'infamie et peut-être à d'autres peines, celles qui ne voudront pas entrer dans cette chaîne de cœurs qui doit réunir tous les états et tous les sexes*, et dont Pauline Siro est apparemment le premier chaînon. Vouer à l'infamie ! En vérité, Monsieur, vous voyez l'infamie hors de la société de Pauline Siro, et moi je l'y vois dedans : Pauline Siro elle-même m'en fournit la preuve. *Allez, s'écrie-t-elle avec une éloquence surnaturelle, allez, braves Gardes Nationaux... allez vaincre ou mourir ; mais avant d'exposer des têtes si chères, recevez de nos mains le panache de l'honneur, l'armure et le bouclier. Quand vous reviendrez, couverts de sang, sachez que le prix le plus cher de votre victoire, vous le recevrez dans nos bras* etc... Si ce n'est pas là le langage infâme des vivandières et des poissardes, je n'y entends rien.

Après ce tableau dégoûtant, en voici un bien riant, mais que vous ne nous montrez qu'en perspective ; *c'est l'Eternel qui sourira bientôt au ravissant spectacle de tous les François et de toutes les Françoises réunis dans le Temple de la Liberté et de la Religion....* Je le désire aussi vivement que vous ; mais Dieu nous préserve que cette réunion se fasse de la manière que vous l'indiquez !

Je gémis bien sincèrement avec vous de voir la Religion déchirée par des querelles de parti. *C'est au nom du Dieu de charité*, dites-vous, *que l'on veut séparer le frère de son frère, la mère tendre de son fils, l'époux chéri de son épouse chérie...* Et c'est au nom du Dieu de charité que vous traitez de *fanatiques, d'ignorans et de scélérats* des hommes qui sont vos frères, des hommes que vous devriez plaindre et non calomnier ; étrange prérogative que vous vous arrogez exclusivement !

Vous ne vous contentez pas de tomber sur le Clergé inconstitutionnel en général : votre fiel se déborde encore en une note di-

recte et personnelle. La rage de faire des notes vous possède :
pour moi je vous dis franchement que je ne suivrai pas votre
méthode : car si je faisois une note, il vous faudroit nécessairement baisser les yeux pour la lire ; et toutes les femmes de Pau
conviennent que ce n'est pas là votre attitude privilégiée. J'a-
vois cru jusqu'à présent que les seuls partisans de la mauvaise
cause se répandoient en déclamations injurieuses mais votre
exemple me détrompe, et je vois que les passions sont de tous
les partis. Je m'interdirai tout commentaire sur ces mots vigoureux que vous vous permettez : *monstres revêtus d'un caractère
sacré*, et cela par respect pour ce même caractère sacré dont
vous êtes revêtu.

Tel est à-peu-près, Monsieur, le discours que vous avez mis
dans la bouche de Pauline Siro : telles sont aussi les réflexions
qu'il a fait naître dans mon esprit. Les femmes de Pau ne vous
savent pas très bon gré de ce zèle amer de patriotisme qui vous
dévore ; elles en devinent le motif ; et vos ennemis même pu-
blient que vous ne les avez ainsi maltraitées, que pour vous ven-
ger sur elles de la petite mortification que vous éprouvâtes der-
nièrement, par votre faute, à la Société des vrais Amis de la
Constitution : ils ont réprimé votre éloquence indiscrète ; c'est
assez faire leur éloge.

Je ne dirai rien sur la discussion à laquelle le Discours de
Madame la Présidente a donné lieu ; je passerai l'éponge sur la
motion énergique je dirois presque sanglante de l'improvisatrice.
Les sages mesures que la Municipalité a prises à cet égard,
garantissent le sexe de toute insulte publique : elle recueille autant d'honneur de la fermeté de sa conduite, que son assenti-
ment à cette prétendue fédération lui auroit attiré de blâme ;
on auroit seulement désiré que pour mettre le sceau à l'acte de
justice dont elle vient de s'honorer, elle eût arraché des mains de
ces écervelés ces verges meurtrières dont elles menaçoient les
Citoyennes, et que d'un bras affermi par la Loi, elle les eût frappées de leurs propres armes » (1).

Combattu par l'autorité municipale, mal vu dans l'opinion,
composé d'une poignée à peine de citoyennes, le Club des
Amies de la Constitution végéta et disparut : on n'en trouve
plus aucune trace dans les archives révolutionnaires. D'ailleurs la Société-sœur des Amis de la Constitution ne subsista
que jusqu'en octobre 1791 et sa disparition dut plus ou moins
refroidir le zèle des citoyennes. Plus tard, quand la Société

____

(1) *Bibliothèque de Pau*, Ec, 7g, 156. — in-8° de 8 p., s. l. n. d.

populaire se rétablit, les femmes y furent admises et par suite elles ne songèrent pas à se réorganiser elles-mêmes en association distincte. Une raison plus forte que tout cela devait empêcher toute velléité de reconstitution du Club féminin. Les pouvoirs publics mirent une borne aux manifestations des citoyennes. La Commune de Paris adopta « à l'unanimité », le 18 novembre 1793, un réquisitoire de Chaumette où il disait : « ...Il faut conspuer la femme sans vergogne qui endosse la tunique virile et fait le dégoûtant échange des charmes que lui donne la nature contre une pique et un bonnet rouge » (1). Déjà la Convention avait stipulé que « les Clubs et Sociétés populaires de femmes, sous quelque dénomination que ce soit, étaient défendus ». Le Comité de sûreté générale, encore plus catégorique, avait décidé en même temps que « les femmes ne pouvaient exercer les droits politiques ni prendre une part active aux affaires du gouvernement » (2).

Le nom de Pauline Siro réapparaît à certains moments dans le cours des événements révolutionnaires. Ainsi, dans la séance du 25 avril 1793, la Société populaire ayant prié les citoyennes de bonne volonté de faire de la charpie pour les blessés qui combattaient aux frontières, nous voyons Pauline Siro, à la tête d'une dizaine de femmes, offrir ce qu'on demandait. Dans la séance du 28 avril, on remercie ces citoyennes et leur nom est inscrit au procès-verbal, avec mention honorable. J'ai raconté ailleurs (3) comment Pauline Siro fut, un an après (avril 1794), mêlée à certaines affaires concernant les inventaires de la Congrégation des Bourgeois et Artisans ; elle avait dénoncé les recéleurs qui avaient caché différents objets au détriment du trésor public.

---

(1) *Moniteur*, XVIII, 450.
(2) Séance du 9 brumaire, an II (30 octobre 1793). *Moniteur*, XVIII, 300.
(3) *La Congrégation des Bourgeois et Artisans de la Ville de Pau*, p. 124.

VII

Les Femmes dans la Société Populaire de Pau.

Comme complément à ces aventures du Club féminin des
Amies de la Constitution, il n'est pas sans intérêt, je crois,
de jeter un coup d'œil rapide, en finissant, sur le rôle joué
par les femmes et la part qui leur fut faite dans la Société
populaire des citoyens de Pau.

Le premier Club des Amis de la Constitution, qui vécut du
14 décembre 1790 jusqu'au 15 octobre 1791, n'admettait pas
les femmes à ses séances. Une tentative cependant avait été
faite le 14 juillet 1791, et un membre avait proposé « d'ap-
peler les dames aux séances publiques, par une invitation particulière » (1), mais cette motion avait été ajournée. Peut-
être cet état d'esprit dans lequel on se trouvait vis-à-vis des
citoyennes avait-il été la cause de leur groupement en Société
distincte ; ne pouvant pas participer activement à une assemblée déjà constituée, elles avaient formé un groupe particulier.

Les premiers clubistes, Amis de la Constitution, restèren
un an sans pouvoir renaître de leurs cendres. Mais il y avait
parmi eux des ardents qui voulurent sortir de cet
état d'isolement, et ils se réorganisèrent le 2 décembre 1792 ;
ils prirent le nom nouveau de *Société des Amis de la Liberté
et de l'Égalité.* Sous leur première forme, ils avaient exclu
les femmes de leurs séances ; c'était un peu ancien régime.

---

(1) Registre de la *Société des Amis de la Constitution*, f° 82.

Sous leur nouvelle forme, ils se montrèrent plus accueillants; les temps d'ailleurs avaient marché et les papiers-nouvelles, envoyés de Paris, qui étaient lus avec enthousiasme à chaque réunion, montraient bien que les femmes jouaient un rôle bruyant, sinon important, dans les assemblées publiques de la capitale. Aussi, dans une séance de la nouvelle Société, le 23 février 1793, on entendit le président Dulaut fils, proposer d'envoyer « une circulaire aux citoyennes de la ville pour les inviter à assister aux séances, ce qui est adopté » (1). Quelque temps après, une jeune citoyenne adressait un discours et remettait deux bonnets de la liberté aux commissaires de la Convention, Isabeau et Neveu ; ceux-ci se décorèrent sur le champ de ces insignes et remercièrent « avec la plus vive reconnaissance celle qui venait de leur faire un don si précieux » (2).

La question de costume ou de coiffure présente toujours de l'importance quand les dames sont en scène. Les sans-culottes de la Société populaire le comprenaient bien et un jour ils invitèrent les femmes qui se rendaient aux séances à se couvrir la tête d'un bonnet rouge et « après diverses discussions, on mit à l'ordre du jour du lendemain la question de l'avantage moral que cette forme de couvrir la tête procuroit » (3).

Ces bonnets rouges étaient une préoccupation capitale dans la Société, car, dans une autre séance, on relate que la citoyenne Lecor a fait aux amis du Club « le cadeau d'un bonnet de la Liberté avec cette devise : *vivre libres ou mourir* ; la Société a reçu avec les plus vifs applaudissements le don de la citoyenne Lecor et a demandé qu'elle fut affiliée, si elle ne l'étoit déjà » (4).

Quelquefois les citoyennes prenaient une part active à la vie du Club. Ainsi, un jour, l'une d'elles proposa « de célébrer une fête en l'honneur de Marat et autres martyrs de la liberté », et comme Monestier venait en ce moment de changer les membres de toutes les administrations pour les rem-

---

(1) Registre de la *Société des Amis de la Liberté et de l'Egalité*, f° 8 v°.

(2) Registre de la *Société des Amis de la Liberté et de l'Égalité*. Séance du 9 avril 1793.

(3) *Ibid*. Séance du 21 avril 1793.

(4) *Ibid* Séance du 30 mai 1793.

placer par des purs, et qu'il était présent à la séance, elle fit
un brin de cour au représentant du peuple en demandant
« de se réjouir fraternellement du renouvellement des administrations par des sans-culottes » (1).

Si elles ne se mêlaient pas toujours aussi directement aux
discussions, du moins partageaient-elles l'enthousiasme civique des « vertueux républicains ». Lorsque la Constitution
votée par la Convention nationale fut approuvée et acceptée
par les sans-culottes de Pau, « on s'embrassa de toutes parts
dans la salle. Les citoyennes des tribunes s'embrassèrent de
même, ne pouvant rien ajouter à une scène aussi attendrissante » (2).

Dans une autre circonstance, après une fête décadaire, on
avait envoyé à Monestier un délégué pour lui rendre compte
du succès de la cérémonie ; le représentant du peuple, très
heureux de cette nouvelle, chargea le délégué « de porter
l'embrassade fraternelle qui en conséquence a été portée,
rendue et reçue de proche en proche jusque dans les tribunes,
spectacle qui a réjoui et attendri » (3).

La scène fut plus curieuse encore le 5ᵉ jour des sans-culottides de l'an II ; une fête avait eu lieu et, dans l'enthousiasme
général, les citoyens se donnèrent mutuellement l'accolade ;
le président nomma quatre commissaires pour la porter ensuite aux citoyennes des tribunes (4).

La plupart du temps, s'il est parlé des femmes, c'est pour
signaler le désordre et les troubles qui se produisent dans la
tribune qui leur est réservée. Le 21 brumaire an II, on remarque qu'il y a mélange d'hommes et de femmes dans les galeries, ce qui occasionne du tapage. Il est arrêté que cet abus
doit disparaître et celui ou celle qui contreviendront au règlement édicté verront leur « nom couché dans le procès-verbal
défavorablement » (5). Quelques jours après, un volontaire

---

(1) *Ibid*. Séance du 28 septembre 1793.

(2) *Ibid*. Séance du 20 juillet 1793.

(3) Registre de la *Société populaire et montagnarde*. [*Notes de M. l'Abbé Annat*]. Séance du 22 floréal. an II.

(4) *Ibid*. (*Notes de M. l'Abbé Annat*). Séance du 5ᵉ jour des sans-culottides, an II.

(5) Registre de la *Société des Amis de la Liberté et de l'Égalité*. Séance du 21 brumaire. an II. C'est dans cette séance que la Société change son nom en celui de *Société républicaine et montagnarde*.

veut s'introduire dans la tribune des dames ; une altercation s'élève entre le soldat et le censeur chargé de faire régner l'ordre et observer le règlement ; le militaire tire son sabre, la salle est soulevée, la séance suspendue ; enfin on se rend maître du grenadier, — c'était un caporal, — et on le conduit devant l'officier de police (1). Le 28 pluviôse an II, on se plaint encore que « les femmes occasionnent toujours des troubles et on nomme des censeurs » spéciaux pour y ramener le calme et l'ordre (2).

Il est vrai que les citoyennes qui se rendaient aux séances ne formaient pas, semble-t-il, la part la plus choisie de la société : c'étaient, pour la plupart, des femmes de la rue. Ce qui le prouve, c'est un incident qui se produisit le 17 pluviôse de l'an II : « Un citoyen dénonce des femmes qui se sont placées parmi les hommes et elles sont invitées à prendre les places qui leur sont destinées. On demande qu'il soit discuté un mode pour empêcher les femmes perdues de mœurs de venir dans le sein de la Société. Il est arrêté que les citoyennes se feront inscrire au Bureau, afin qu'il ne soit adopté dans le sein de la Société que des femmes qui ayent des mœurs » (3).

Lorsque la Société populaire quitta le couvent de la Foy (4) pour se transporter à l'église Saint-Martin que Monestier avait transformée en Temple de la Raison, on put disposer d'un local plus vaste et plus commode. Un appel spécial fut adressé aux auditeurs de bonne volonté. Les dames ne furent pas oubliées. « Le 3 ventôse, on lit une adresse des représentants du peuple contenant une invitation aux citoyennes formant une portion intéressante de la Société, d'assister à nos assemblées où elles seront d'un côté commode à ce destiné et avec les égards convenables ; on désire qu'elles s'éclairent et cherchent à concourir à former et à propager l'esprit pu-

---

(1) *Ibid.* Séance du 5 frimaire, an II.

(2) *Ibid.* Séance du 28 pluviôse, an II.

(3) *Ibid.* Séance du 17 pluviôse. an II.

(4) Les séances de la Société populaire se tinrent tout d'abord à l'Hôtel de la Première Présidence. A partir du 24 février 1793, la Société se transporta au couvent de la Foy. Enfin, à partir du commencement de ventôse, an II, le local choisi fut la ci-devant église Saint-Martin.

blic » (1). On leur donna une place spéciale, c'est-à-dire une tribune et la partie correspondante de la nef qui se trouvait au-dessous (2). Cette délimitation ne fut pas suffisante. Il y eut encore des désordres. Aussi le 23 thermidor on demanda que les galeries fussent exclusivement réservées aux femmes et qu'il fût défendu aux hommes de s'y introduire ; cette demande fut prise en considération et un arrêté du 28 thermidor désigna la galerie comme place exclusive pour « toutes les femmes et filles » (3). Malgré cela, il y eut des troubles et des discussions. Les militaires se montraient rebelles à tout règlément ; le 10 fructidor, ils se font rappeler à l'ordre ; le 11, ce sont deux soldats qui ne veulent pas reconnaître l'autorité des censeurs ; le 20, c'est un hussard qui s'introduit dans ces galeries réservées (4).

Il faut croire que les citoyennes elles-mêmes se prêtaient plus ou moins à ces désordres, car le 1er brumaire de l'an III, la séance ayant été encore troublée, on admoneste les dames des galeries et on leur dit que « la descence est leur plus bel ornement et qu'elles doivent s'environner des vertus qui seules les rendent belles et intéressantes » (5).

Elles paraissaient d'ailleurs aimer fort ces séances, au point qu'elles négligeaient la promenade pour se rendre au Temple de la Raison. On entendit un jour un sans-culotte se plaindre « de ce qu'on ne voit plus aux promenades civiques les citoyennes qui en ornoient naguères la fête. Il propose que les portes du Temple de la Raison restent fermées le jour du décadi jusqu'à ce que la promenade civique soit faite ». Le lendemain, on revient sur la même question et on se plaint encore que les citoyennes ne font pas la promenade décadaire et viennent directement au Temple de la Raison ; on propose « qu'après la promenade civique les personnes qui s'en seront

---

(1) Registre de la *Société des Amis de la Liberté et de l'Égalité*. Séance du 3 ventôse, an II.

(2) *Ibid*. Séance du 6 ventôse. an II.

(3) Registre de la *Société populaire et montagnarde*. (*Notes de M. l'Abbé Annat*). Séances des 23 et 28 thermidor, an II.

(4) *Ibid*. Séances des 10, 11 et 20 fructidor, an II.

(5) Registre de la *Société populaire et montagnarde*. (*Notes de M. l'Abbé Annat*). Séance du 1er brumaire an III.

abstenues cèderont la place à celles qui auront été à cette promenade » (1).

On tenait à leur présence dans les promenades et dans les fêtes civiques. Monestier surtout aimait les manifestations où il paradait escorté de citoyennes habillées de blanc. Ainsi, dans la fête du 10 août 1793, on vit en face de l'autel de la patrie, une fontaine de la *pureté* civique où les citoyennes furent invitées à boire successivement ; puis le baiser fraternel fut donné par le président et communiqué à tous les citoyens et citoyennes ; un vieillard fut conduit sur l'autel de la patrie par six femmes patriotes et placé à la droite du président ; un indigent fut pareillement mené à l'autel par six jeunes filles et placé à sa gauche ; pendant que le président recevait les dons des bons patriotes en faveur des indigents, on entendit un chœur de jeunes citoyennes chanter « des couplets analogues à la fête » (2). Quelque temps après, lors de l'inauguration du Temple de la Raison, on voyait dans le cortège, un premier groupe de « 50 jeunes citoyennes, vêtues de blanc, ceintes d'un ruban tricolore, tenant chacune un laurier, et l'une des citoyennes portoit une bannière ayant pour devise : *Nos cœurs à la patrie* » ; un peu plus loin, venait une deuxième groupe de « 50 autres jeunes citoyennes vêtues de la même manière que celles du premier groupe et l'une d'elles portoit une bannière ayant pour devise : *Nos mains aux patriotes* » (3).

Le 20 germinal, an II, on célébra la fête du décadi dans le Temple de la Raison. « Ensuite le Représentant du peuple, à la tête de la Société et de jeunes citoyennes vêtues de blanc, conduisant une petite enfant, représentant la Liberté, marchant sous un dôme couvert de verdure et orné de guirlandes, surmonté du bonnet de la liberté, appuyé sur quatre piques et porté par quatre jeunes républicains, sort du Temple de la Raison, au bruit des tambours et au sein d'une musique bruyante, accompagné d'un nombre infini de citoyens. Le

<hr>

(1) *Ibid.* Séances des 21 et 22 thermidor, an II.

(2) F. Rivarès. *Pau et les Basses-Pyrénées pendant la Révolution*, p. 231.

(3) *Relation de la fête révolutionnaire qui a eu lieu dans la commune de Pau, le 20 ventôse, l'an second... à l'occasion de l'inauguration du Temple de la Raison* [10 mars 1794]. Pau, imprimerie Daumon, in-4° de 11 p.

cortège a dirigé sa marche vers les allées appelées Basse-
Plante ; arrivé là, le citoyen Monestier a prononcé un discours sur l'inauguration de cette place qui sera désormais
appelée l'Egalité ; il est souvent interrompu par de vifs applaudissements ; on se retire dans le même ordre en chantant
des chansons consacrées à cette fête, et en dansant des faran-
doles sur l'air de la Carmagnole. Chaque citoyen rentre dans
sa famille pour y faire son repas frugal » (1).

En lisant le récit de ces manifestations, il ne faudrait pas
croire que toutes les femmes de Pau avaient été inscrites au
nombre des membres de la Société populaire et prenaient une
part active aux fêtes républicaines. Les citoyennes dont nous
avons parlé furent l'exception, le petit nombre, et de plus,
elles ne se recrutèrent guère dans la partie la plus honorable
de la société. Malgré les violences, l'entraînement, les amen-
des et la guillotine, la population paloise ne se détacha ni de
sa religion, ni de ses fêtes religieuses. C'est ce qui ressort clai-
rement de plusieurs séances de la Société populaire et des dia-
tribes fougueuses des orateurs. Le 17 messidor, an II, on entend
un membre du Club apostropher vivement « les bigottes qui
célèbrent encore le dimanche et les fettes de l'ancien régime » (2). Lorsqu'un orateur parle sur le fanatisme, on l'interrompt, on fait du tapage, on paraît fatigué de voir reve-
nir sans cesse cette question sur le tapis ; l'orateur sent le
besoin de s'excuser, il dit qu'il n'a voulu s'adresser qu'aux
« dévotes ébétées par le fanatisme », qu'il n'a voulu parler que
« de ces femmes qui ne connoissent pas le prix de la vertu,
de ces femmes qui n'auront pas manqué d'aller aujourd'hui
à Jurançon fêter à l'honneur de la supposée Ste-Vierge » (3).
(on était au 15 août 1794). Une autre fois l'orateur remarque
avec regret que les patriotes ne sont plus assidus aux séances. « Il paraît, ajoute-t-il, que ce n'est pas aujourd'hui la
fête de la cy-devant Notre-Dame, car les galeries sont déser-

(1) Registre de la *Société populaire et montagnarde*. (*Notes de M. l'Abbé
Annat*). Séance du 20 germinal, an II.
(2) Registre de la *Société populaire et montagnarde*. (*Notes de M. l'Abbé
Annat*). Séance du 17 messidor, an II.
(3) *Ibid*. Séances des 26, 27 et 30 thermidor, an II.

tes » (1). On censure les citoyens, mais cette réflexion prouve bien que les cérémonies du culte catholique, quoique sévèrement défendues, gardaient toutes les sympathies populaires et réunissaient les fidèles en grand nombre.

En somme, la conclusion qui s'impose, c'est que le vrai peuple resta en dehors de ces exagérations et les blâma. Quelques exaltées purent se laisser conduire par les meneurs ; ce furent des déséquilibrées ou des femmes de mœurs douteuses. Leur nombre d'ailleurs fut très restreint. Le bon sens, la mesure, l'équilibre intellectuel et moral, la prudence et la justesse des aspirations, toutes ces caractéristiques du tempérament béarnais, eurent raison des violences révolutionnaires et le souvenir qui reste chez nous de cette poussée féministe est plutôt l'impression d'un passage de vent de folie ridicule, mais de courte durée.

------

(1) Registre de la *Société populaire et montagnarde*. (*Notes de M. l'Abbé Annat*). Séance du 23 fructidor an II.

Table des Matières

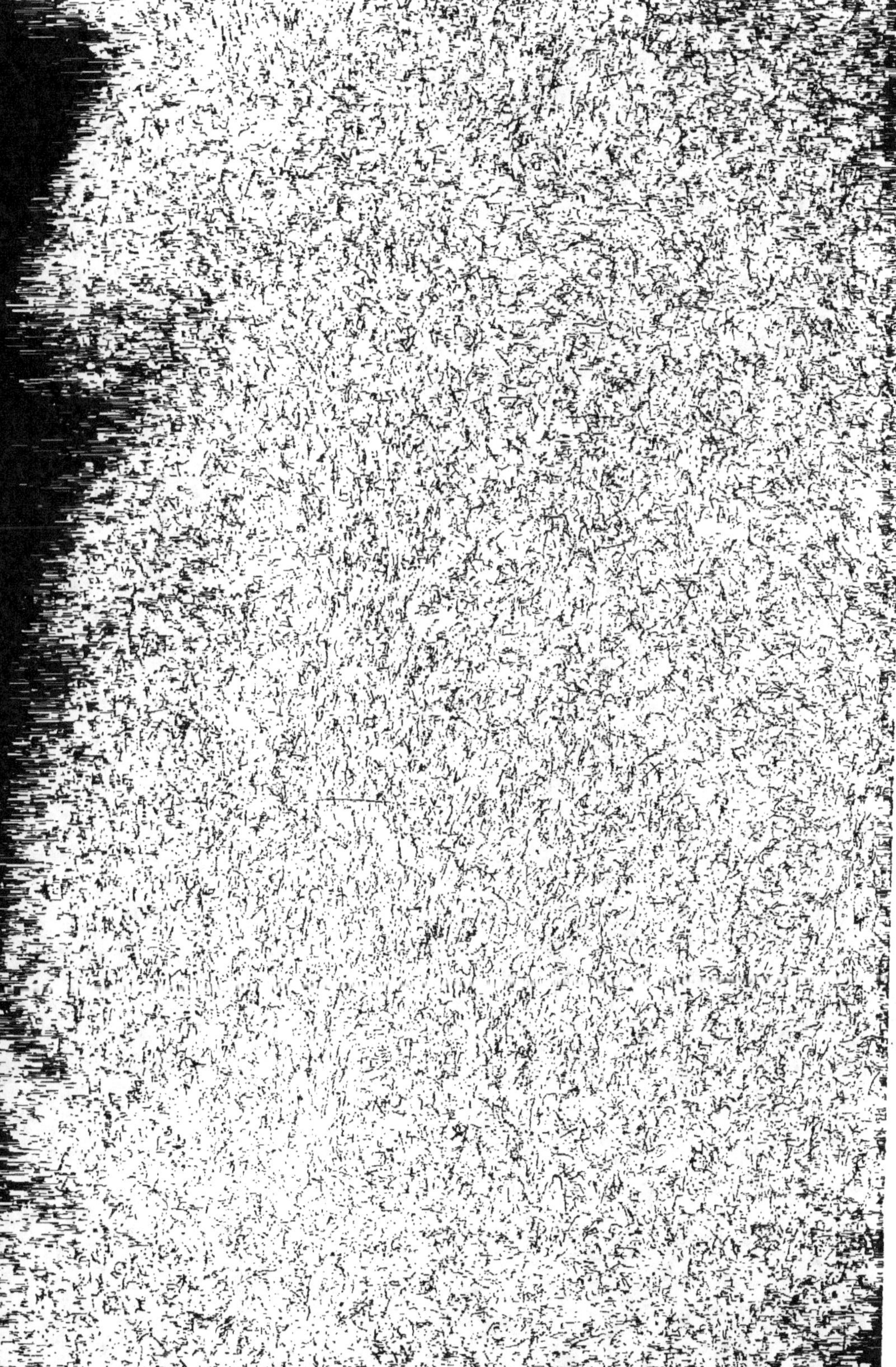

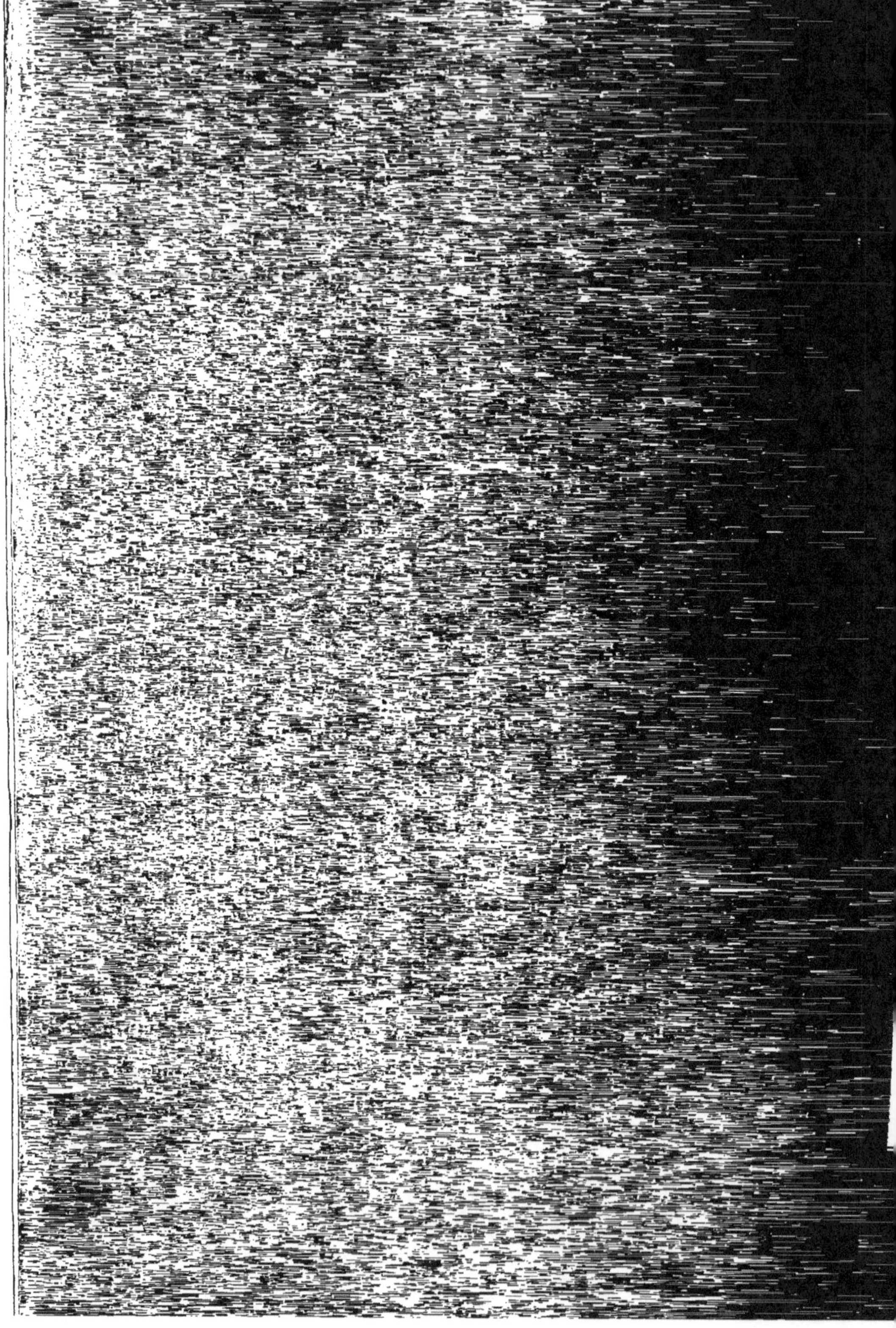

9 782011 788375